JN441211

내 마음의 괄호

내마음의 괄호

김영관 제2 수필집

책을 내며

내 마음에 웃음 씨앗 하나 뿌리며

길을 가다 모퉁이를 만나면 그 너머가 어떤 모습일지 궁금한 것처럼 늦게 시작한 글공부가 그랬다.

조급한 마음에 글쓰기 화덕에 생각의 장작을 때 없이 집어넣었다. 불은 잘 붙지 않고 푸른 연기만 내뿜었다. 눈이 침침하고, 머리는 무겁고, 가슴은 답답했다. 자세히 살폈다. 화덕에 넣은 땔감들 하나같이 채 마르지 않은 마들가리였다.

그때 알았다. 사물에 대한 사유는 더 넓혀야 하고, 사고는 더 깊어야 한다는 걸.

내가 나에게 실망하여 한동안 쉬었다.

그런데 한 치의 오차도 없이 시간은 째깍째깍 제 길을 가며 나를 옥죄었다. 생각을 거듭했다. 내가 하고픈 이야기들은 특별하지 않지만, 그 누구와도 닮지 않은, 그 누구도 대신할 수 없는 내 이야기가 아닌가! 무엇보다도 지금 하지 않으면 나중에 후회할 것 같았다.

2025년 겨울

김영관

차례

1부 노을에 젖다

2부 플랫폼

3부 비에 젖다

4부 가을에 넘기는 추억의 책장

5부 가장이라는 이름표

6부 자심반조

1부

노을에 젖다

옹달샘에 핀 붉은 장미

자주 찾는 숲길에 축구공만 한 크기의 동굴형 샘이 있다. 작년 늦여름부터 이어진 긴 가뭄으로 흙먼지가 날릴 정도로 메말라 있던 그곳에 며칠 전 제대로 된 비가 내린 뒤, 제법 많은 양의 물이 흘러나오고 있었다.

그 샘을 지나던 나는 문득 걸음을 멈췄다. 샘 웅덩이 한가운데 붉은 장미 한 송이가 꽂혀 있는 것이 아닌가. 꽃은 막 피어난 듯 생기 넘치게 웃고 있었다.

어제 아침 이 길을 지날 때는 보지 못했던 장미였다. 그렇다면 어제 오후나 오늘 아침 사이에 누군가가 가져다 놓은 것이 분명했다. 나는 고개를 갸웃하며 상상의 나래를 펼쳤다. 꽃을 놓은 사람은 남자일까, 여자일까? 나이는? '진심 어린 사랑과 연인에 대한 열정'이라는 붉은 장미의 꽃말이 떠오르자, 사랑에 대한 열정을 적극적으로 표

현한 이 꽃의 주인은 남자일 것이라는 생각이 들었다.

혹시 이 숲길을 자주 걷는 남자가, 이곳에서 마주치는 한 여인에게 연정을 품고, 이런 기발한 방식으로 사랑을 고백한 건 아닐까?

나는 평소 흥얼거리던 콧노래도 잊은 채, 숲길을 걷는 내내 난해한 수학 문제를 풀다 답을 찾지 못한 사람처럼 복잡한 생각에 잠겼다. 결국 쉼터 의자에 앉아, 그 상상을 바탕으로 소설을 쓰기 시작했다.

어느 날, 좁은 오솔길에서 앞서 걷던 여자를 남자가 길 가장자리 풀숲을 밟으며 조심스레 추월했다. 그 순간, 여자가 경쾌한 목소리로 말했다.

"아이고… 참, 경음기를 누르시지요."

잠시 머뭇거리던 남자가 돌아서며 웃으며 대답했다.

"산에서는 경음기 사용이 불법인 줄 알았습니다."

그 일을 계기로 두 사람은 서로 산에 오르는 시간을 확인하고, 같은 시간대에 전망 좋은 쉼터에서 자주 마주치게 되었다.

남자는 풍채 좋은 외모와는 달리 내성적인 성격이었고, 연약해 보이는 여자는 의외로 활달하고 유쾌한 말솜씨로 대화를 이끌었다.

그녀는 갸름한 얼굴에, 속삭이듯 부드러운 목소리가 맑고 청아했다. 어느 날 그녀는 말했다. 계절 중에서 오월을 가장 좋아한다고.

그 이유를 들려주었다.

"어릴 적, 이웃집 담장 너머로 얼굴을 내민 붉은 장미꽃을 보며 자랐어요. 그 집엔 잘생긴 두 살 위 오빠가 있었는데, 중학교 2학년 때 그 집이 도회지로 이사를 가버렸죠. 그 후로는 한 번도 만나지 못했어요. 그런데 어른이 되고 나니, 붉은 장미만 보면 괜스레 가슴이 두근거려요. 지나고 보니… 내 첫사랑이었나 봐요."

그녀의 두 볼이 홍조로 물들었다.

그런 그녀가 며칠째 나타나지 않았다.

애가 타던 남자는 어젯밤, 베개를 뒤척이다 깜빡 잠이 들었다가 꿈을 꾸었다.

쉼터 의자에 앉아 뭉게구름을 바라보던 그녀가 말했다.

"이번 오월에, 누군가에게 붉은 장미꽃을 받는다면… 정말 행복할 것 같아요."

꿈에서 깨어났을 때, 그녀가 곁에 있는 듯 생생했다.

남자는 다람쥐 쳇바퀴처럼 마음속에서 빙빙 돌며 숙성시켜온 연정을 오늘은 꼭 털어놓고 싶었다. 아침밥을 먹는 둥 마는 둥, 평소보다 이른 시간에 집을 나섰다. 아파트 담장에 피어 있는 붉은 장미꽃 앞에서 한참을 서성이다가, 꽃 한 송이를 정성스레 꺾어 가슴에 품었다. 그러고는 평소보다 빠른 걸음으로 숲길을 향해 걸었다.

쉼터에 도착하자마자, 그녀가 앉을 자리를 수건으로 조심스럽게 닦았다.

시간이 한참 흐르고, 오솔길 저편에서 분홍 옷자락이 나뭇잎 사이로 가렸다 보이기를 반복했다. 여인이 가까워질수록 남자의 가슴은 점점 더 요동쳤다. 그러나 녹음을 헤치고 다가온 여자는 그가 기다리던 사람이 아니었다. 그 뒤로도 여자가 세 명이나 더 지나갔지만, 그 여인은 끝내 나타나지 않았다.

남자는 더 기다리겠다고 마음을 다잡으며, 그녀를 처음 만났던 순간의 기억을 물레처럼 돌리고 또 돌렸다. 시계를 몇 번이나 들여다봤을까. 어느새 시침은 열한 시를 가리키고 있었다.

가슴에 품은 장미꽃을 매만지던 그의 모든 움직임을 푸른 하늘과 흰 구름, 나무, 그리고 살랑살랑 고개를 흔드는 풀잎들이 지켜보고 있었다. 그 시선들이 왠지 민망하게 느껴졌다.

그러다 불현듯 떠올랐다. 마치 자연도 그의 마음을 응원하듯 평소 메말라 있던 옹달샘에서 물이 졸졸 흘러나오고 있는 것이 아닌가. 그녀가 자주 지나는 길목, 그 샘에 장미꽃을 꽂아 마음을 전하자는 생각에 미쳤다. 이보다 더 좋은 기회는 없을 것 같았다.

남자는 곧장 옹달샘으로 발걸음을 돌렸다. 샘 가운데 조심스레 장미꽃 한 송이를 꽂고, 이리저리 구도를 잡으며 휴대폰으로 사진을 찍었다. 그리고 샘가의 평평한 돌 위에 앉아, 장미의 꽃말을 곱씹으며 그녀에게 전할 사랑 고백의 문장을 천천히, 정성껏 떠올렸다.

가슴에 품고 온
붉은 장미 한 송이

오늘 전하지 못해

못내 아쉬워

내 마음 담은 그 꽃

맑은 물 샘솟는 옹달샘에

살며시 꽂아두고

내일을 기약합니다.

사진과 연서를 문자로 보낸 남자는 산새의 노래를 들으며 휴대폰을 매만지고 있었다.

그 순간, 소설을 다 써낸 나는 가슴이 두근거렸다.

웃음의 씨앗

"지금 웃지 않으면, 언제 웃습니까!"

그는 내가 사는 아파트의 경비원이다. 음식물 찌꺼기 통을 씻을 때도, 낙엽을 쓸 때도, 얼굴엔 늘 웃음이 머금어 있었고 몸짓엔 활기가 넘쳤다. 가는 해를 하루 앞둔 날, 분리수거 통을 정리하던 그를 다시 만났다.

"올해 마무리 잘하시고, 내년에도 행복하십시오."

그는 하얀 이를 한껏 드러내며 함박웃음을 지었다.

평소 그의 밝은 모습이 부러웠던 나는 조심스레 물었다.

"선생님처럼 항상 웃을 수 있는 비결 좀 알려주세요."

그는 잠시 생각하더니 말했다.

"가슴에 심으면 됩니다."

"… 그 씨앗은 어디에서 팝니까?"

“아, 예. 그 씨앗 가게는 가슴속 정중앙에 있습니다.”

“언제 문을 여나요?”

“이 세상에 단 하나뿐인 그 가게는 본인이 직접 문을 열어야 합니다.”

그리고 그는 덧붙였다.

“그 씨앗을 가슴 텃밭에 심어 가꾸어야 해요.”

그날 나는, 내 안에도 행복의 씨앗 가게가 있고, 그 씨앗을 심을 수 있는 텃밭이 있다는 말에 적지 않은 충격을 받았다. 밤이 깊도록 나는 내면의 나를 심안에 투영시키며 관조觀照했다.

그리고 한 가지 결론에 다다랐다.

‘내가 나를 사랑해야 일상에서 보람을 얻을 수 있고, 그 보람들을 가슴 곳간에 차곡차곡 쌓는 것이 바로 행복의 씨앗을 심는 일이다.’

그 씨앗이 자라 언젠가 누군가의 하루를 따뜻하게 밝혀줄 수 있다면, 그것으로 충분하지 않을까.

노을에 젖다

은행잎이 소담스레 노란 융단을 까는 만추였다.

노을에 물든 수성못 풍경을 카메라에 담고 싶었다. 검붉은 물감에 흠뻑 젖어있는 못 둘레길 동쪽 초입에 들어서다 걸음을 멈췄다. 길 왼쪽 가장자리에 있는 우람한 왕버들이 가지를 길 위로 마치 성문처럼 뻗어 사람들을 통과시키는 광경이 눈길을 끌었다.

카메라 뷰파인더로 구도를 조정하다 멈칫했다. 성문 안쪽 저만치 벚나무 옆 벤치에 홀로 앉아 눈빛 낚싯줄을 호수에 드리우고 있는 노인의 모습이 지난달 어느 미술관에서 본 그림을 떠올리게 했다. 해넘이 강가에서 낚싯대를 드리운 노인이 하루를 불태운 해를 배웅하는 그림이었다. 그때 제목을 '하루의 완경'이라고 생각했는데 지금 저 노인의 모습은 '인생의 완경'이라는 생각이 들었다.

노인 뒤로 가만가만 다가가 서쪽을 바라봤다. 불덩이 해가 쑥 빠져버린 서산 위로 노을이 붉게 타오르고, 호수엔 붉은 윤슬이 훌라 춤을 추고, 건너 고층 아파트는 둑 벽에 반영反影의 액자를 걸어 뽐내고 있었다.

옆 벤치에 앉았다. 노인은 눈빛 낚시를 호수에 던져놓고 미동도 없었다. 마치 호수 바닥에 침잠된 낚싯바늘의 미세한 움직임도 놓치지 않겠다는 자세였다. 나는 궁금했다. 어떤 고기를 낚고 있는 걸까. 꽃이 피고 지는 의미를, 설익어 떨어진 사랑을, 그도 아니면 자신의 나이테를 기억의 물레로 돌려보고 있는 걸까.

나는 의자 옆에 서 있는 벚나무를 쓰다듬으며 말을 걸었다.

"당신은 제자리에서도 스쳐 지나는 세월을 나이테로 선명하게 기록하는데, 나는 보고, 듣고, 말하고, 생각하며, 길 걸어왔는데 나이테가 희미하네요!"

잎을 반쯤 떨군 벚나무는 무심히 내려다볼 뿐 묵언이었다. 귀 기울여 듣고 있던 둑 아래 물풀 몇이 몸 흔들며 반복해 귀띔했지만 난 알아듣지 못했다.

생각이 깊어졌다. 나는 지금 생의 어디쯤 걷고 있을까. 지난 시간을 셈해보니 짧지 않은 세월이 바람처럼 한순간에 지나가 버린 것 같아 가슴이 허했다. 노인을 곁눈질했다. 무아無我에 빠져 있었다. 나도 노인처럼 심신을 다 내려놓고 싶었다. 미끼도 달지 않은 눈빛 낚싯줄을 멀리 던졌다. 월척이 물었을 때 느끼는 그 짜릿한 순간을 생각하며 눈을 감았다.

낚시가 채 밑바닥에 닿기도 전에 고기가 덥석 물었다. 낚싯줄을 잡아채는 순간 나는 고개를 세차게 저었다. 낚시를 문 놈이 두 번 다시 보기 싫은 괴물이라는 걸 직감으로 알았다. 낚싯줄이 끊어지길 바라며 기억의 릴을 마구 흔들었다. 내 몸이 몇 번 휘청거렸지만, 놈은 더 심하게 버둥댔다. 기어이 수면으로 올라온 놈은 험상궂은 머리에 IMF라는 띠를 두른 괴물이었다. 내가 고개를 몇 번 흔들자, 마술을 부린 듯 갑자기 괴물이 사람으로 변신, 인사 책임자라는 명찰을 달고 내 앞에 앉아 있었다. 그는 나를 외면한 채 허공에 띄엄띄엄 내뱉었다.

"달리 방도가 없습니다. 용퇴를 부탁드립니다."

그날 나는 통근 버스도 타지 못하고 밤늦도록 포장마차 두 곳을 순례했다. 며칠이 지나자, 나의 부자연스러운 행동은 점점 무인도를 향해 노를 젓고 있었다. 심신이 압박당하는 보름은 길고 길었다. 사직서를 썼다.

지천명 나이에 만난 삶의 엇길은 화력貨力의 고갯길로 가파르고 험했다. 숨을 턱에 걸고 휘청거릴 때마다 남매의 얼굴을 떠올리며 가장이라는 지게 밀삐를 바짝 당겼다. 하지만 돈이라는 악동은 마치 배춧잎 애벌레처럼 심신을 야금야금 갉아 먹었다. 뚜렷한 일자리 없이 삼 년이 지났다. 삶에 대해 더 버틸 힘도 용기도 없었다. 대문 밖을 나가지 않은 지 며칠째 창밖을 내다보니 진눈깨비가 내리고 있었다. 문득 가보고 싶은 곳이 생각났다. 운문산에 있는 모 암자였다. 가파르고 끝없이 이어지는 돌계단을 그것도 진눈깨비를 맞으며 올라가 본 기억이 선명했다.

집을 나섰다. 산 아래 주차장에 도착하니 이미 사방은 하얀 세상이었다. 일천여 개로 알려진 돌계단 절반 정도를 오르자, 암자에서 뛰어 내려온 목탁 소리가 내 손을 잡아 주었다. 숨이 턱에 걸렸지만 이상하리만치 마음은 편안했다. 돌덩이가 들어 있던 머리도 가벼웠다. 암자 아래 샘터에서 물 한 바가지를 벌컥벌컥 마셨다. 속이 뻥 뚫리는 기분이었다.

법당으로 들어갔다. 나반존자와 눈을 맞추지 못하고 무릎을 꿇고 머리를 두 손바닥에 올려놓고 마음속으로 외우고 외웠다.

"나반존자님 도와주십시오." 밤이 이슥해지자, 주위의 모든 것들이 나를 위로해 주는 것 같았다. 처사 숙소에서 전에 없이 깊은 잠을 잤다.

아침에 일어나 방문을 열었다. 밤새 내린 눈으로 온 세상이 하얗게 변해 있었다. 아침 공양을 마치고 나오는데 누군가가 장독대 옆에서 과자를 손바닥에 올려 고목 쪽으로 내밀었다. 그러자 새 한 마리가 날아와 손바닥에 있는 과자를 물고 '호로록' 날아갔다. 고목엔 새 몇 마리가 맑고 고운 목소리로 노래를 부르며 종종거리고 있었다. 내가 다가가자, 그가 말했다.

"새들은 용케도 선한 사람의 과자만 받아먹어요." 그러면서 과자

몇 개를 내밀었다. 나는 과자를 손바닥에 얹고 팔을 쭉 내밀었다. '안 오는 것 아니야.' 잠깐이었지만 불안이 스쳤다. 잠시 후 새 한 마리가 내 손바닥에 날아와 고개를 두리번거리더니 과자를 물고 날아갔다. 그제야 건너 눈 덮인 산 능선에서 빤짝이는 햇살에 눈이 부셨다.

자판기에서 커피 한잔을 뽑아 쪽마루에 앉자 어느 책에서 읽은 구절이 떠올랐다.

"너는 네가 생각하는 것보다 더 강하다." 그리고 "생은 한 번밖에 주어지지 않는다. 그러므로 지금, 이 순간을 갈고 닦아야 한다." 평소와 달리 두 말의 의미가 가슴을 찡하게 울렸다. 집으로 오는 내내 두 말을 되뇌었다.

이십 년이 훌쩍 넘었는데도 어제의 일처럼 선명했다. 노을 속으로 어스름의 띠가 누 무리처럼 길게 얼룩지고, 다섯 마리의 오리 가족이 열 지어 둥지섬으로 향하자, 노인이 지팡이를 짚고 벤치에서 일어났다. 그리고 나를 유심히 쳐다보며 눈빛으로 말했다.

"우리, 지금, 나를 사랑합시다."

바람의자

하얀 머리를 풀어 헤치고 훌라춤을 추는 억새가 보고 싶었다.

취성산 정상에 있는 억새 군락지로 가기 위해 8부 능선 오솔길을 걷는데 드넓은 초지 한 가운데 개잎갈나무 한 그루가 이정표처럼 우뚝 서 있었다. 우듬지 아래에 층층이 까치집 두 채가 그리고 나무 아래에 하얀 의자가 길손의 눈을 끌어당겼다.

가까이 다가갔다. 나는 첫눈에 의자의 이름을 지었다. '시인의 자리'. 궁금했다. 누가, 언제, 무엇 때문에 가져다 놓았을까, 왠지 의자에 덥석 앉을 수가 없었다. 의자가 진한 시구들을 간직하고 있을 것만 같았다. 가만히 붙어 서서 앞쪽을 바라봤다. 멀리 수평을 이룬 비슬산 능선 위로 흰 구름 몇이 파란 하늘을 유영하고 있었다. 돌아서 보니, 팔공산 능선이 동서로 길게 수묵화를 그리고 있었다.

좌우를 살폈다. 우측에 최정산 정상이, 좌측에 취성산 봉우리가 의자를 포근히 감싸 안고 좌측 초지 가장자리에선 머리를 하얗게 풀어 헤친 억새 무리가 소나무 숲을 병풍 삼아 줄지어 훌라춤을 추고 있었다.

의자에 앉아 자연의 시인들이 읊조리는 시구를 하염없이 듣고 싶었다. 귀를 기울였다. 색바람이, 산새가, 풀벌레가 소곤댔지만 나는 알아듣지 못했다. 눈을 크게 떴다. 풀숲 위에서, 억새 머리 위에서, 뭉게구름이 피어오르는 파란 하늘에서, 시구들이 감미롭게 춤을 추고 있었지만, 난 시구 한 줄 받아 적지 못했다.

아쉬움에 저만치서 뒤돌아봤다. 동서남북 약 70m 이내에는 나무라곤 한 그루도 없어 개잎갈나무가 마치 초지의 수호신처럼 보였다. 더욱이 우듬지 아래 두 채의 까치집은 시낭송집처럼 느껴져 보면 볼수록 감상에 젖게 했다. 아마도 까치들은 작침鵲枕을 베고 누워 달, 별. 바람. 나무, 풀벌레가 읊조리는 시구들을 낱낱이 듣고 외웠으리라. 그때 초지 너머 상수리나무에서 까치 소리가 연이어 들려왔다. 의자에 대한 설명인 것 같았지만 나는 알아듣지 못했다.

그날의 진한 감동을 잊지 못해 삼 년이 지난 가을, 다시 그곳을 찾았다. 가는 내내 카메라와 수첩을 매만지며 다짐했다. 주위 풍경을 카메라에 담으며 시어 몇 줄은 꼭 받아 적자고. 그런데 저만치 보이는 갈나무 모습이 풀숲에 서 있는 전봇대처럼 낯설었다. 가까이 가보니 마들가리로 변해 있었다. 잔가지 대부분은 말라 떨어지고, 두 채의 까치집은 폭삭 내려앉아 있었다. 의자는 저쪽 풀숲에 반쯤 잠겨 고개를 숙이고 있었다. 사방에서 시구가 춤을 추던 지난번과는 달리 풍경은 황량했다.

나무가 왜 죽었을까. 까치 가족은 어디로 이주했을까. 가슴이 허했다.

사퇴蛇退

숲길을 걷다 이끼 낀 돌무더기에서 뱀의 허물을 발견했다. 하얀 바탕에 벌집 모양의 까만 점박이 무늬가 어릴 적 시골에서 흔하게 보던 것이었지만 오랜 세월이 지나 다시 마주하니 새삼 신기했다.

초등학교 때였다. 여름 바다 수영을 갔다가 옷을 벗어 보관 장소를 찾던 중 갯바위 틈새에 길게 늘어져 있는 구렁이 허물을 발견했다. 그 길이에 놀라 친구들과 발걸음으로 길이를 재며 이구동성으로 말했다.

"와…정말 크다."

그때 나는 뱀이 옷을 갈아입은 줄 알았다. 나중에 알았다. 파충류의 피부는 사람과 달리 때가 벗겨지지 않아, 어느 정도 성장하면 낡은 표피를 벗어야만 더 커지고 살아갈 수가 있다는 것을. 특히 성장이 빠른 뱀은 일 년에 많게는 여덟 번까지 허물을 벗는다고 했다.

솔숲 오솔길에서 발걸음을 세며 생각했다. 나는 살아오면서 몇 번이나 허물을 벗었을까? 적어도 네 번의 허물을 벗은 것 같았다.

첫 번째는 결혼이었다. 부모와 형제로부터 완전히 독립하여 앞으로 이 여인과 함께 험난한 세상을 헤쳐 나가겠다고 대외적으로 선언한 날이었다. 이런 막중한 의식임에도 그날 나는 기쁨에 도취, 작은 돛단배에 반려자를 태우고 삶이라는 험한 바다를 노 저어가야 한다는 중한 현실을 인식하지 못했다.

두 번째는 아버지가 되는 순간이었다. 첫아이가 세상을 향해 고고한 울음을 터트릴 때 나는 회사에서 일을 하고 있었다. 그날 아침 시외버스를 타고 약 20km 떨어진 울산에 있는 산부인과로 간 아내로부터 오후 2시쯤 딸을 낳았다는 전화를 받았다. 숨을 헐떡이며 시외버스 주차장으로 뛰었다. 내가 타고 갈 버스 출발시간이 오십 분이나 남아 있었다. 대합실을 서성거리며 벽에 붙은 시계에 수없이 눈총을 쏘았지만 시침은 제 걸음만 걷고 있었다.

버스가 가로수를 빠르게 스쳐 지나는데도 전에 없이 느린 것 같아 안달이 났다. 하지만 병원이 가까워지자, 아이가 어떻게 생겼을까, 가족이 한 사람 늘어났다는 건 무엇이 어떻게 달라지는 것인가, 복잡한 생각 와중에도 가슴은 벅찼다.

아이 얼굴을 내려다봤다. 작은 얼굴, 꼼지락거리는 입이 '아버지'라는 이름을 내 머릿속에 각인시켜 주었다. 나는 남편이라는 이름표

위에 아버지라는 이름표를 붙이며 아내를 내려다봤다. 알 수 없는 애틋함이 가슴속에서 뭉클했다.

돌아서 눈을 훔치는데 창 너머 옆 산실에서 한 남자가 꽃바구니를 들고 활짝 웃고 있었다. '아차' 급히 병원 옆 꽃가게로 갔다. 꽃바구니를 들고 들어서자, 아내의 두 눈에서 눈물이 주르르 흘러내렸다. 가장이라는 지게를 진 어깨가 뿌듯해지는 순간이었다.

세 번째는 딸의 결혼이었다. 결혼식장에서 딸의 손을 잡고 주례 앞으로 걸어갈 때 만감이 교차했다. 내 생애 중요한 한 페이지를 넘기는 것 같은 허전함과 나도 남들처럼 한 가지를 이루어 냈다는 보람이 동시에 밀려들었다.

그동안 우리 부부는 딸이 서른 살 문턱에 다다르자 조급해졌다. 또래의 청첩장을 받을 때면 은근슬쩍 질투가 일었다. 축하객으로 간 자리에서 지인들이 "딸 잘났다고 너무 고르는 거 아니야?"라는 덕담에도 피로연 음식 맛이 별로였다. 그런 날엔 딸에게 반복해서 압력을 넣었다. "너 시집가는 날이 우리 해방되는 날이야."라고.

결혼식날, 신랑의 어깨를 두드리며 마음속으로 되뇌었다. '잘 부탁하네.' 짝을 맞추어 떠나보내는 것이 자식으로부터 해방되는 것이라는 생각에 한편으로는 홀가분했다. 하지만 품 안에 있을 때보다 더 많은 일들이 우리를 기다리고 있음을 그땐 알지 못했다.

네 번째 허물을 벗는 과정은 첫 손녀가 태어나는 순간이었다. 병원복도에서 딸의 산통 신음에 귀를 쫑긋거리며 마음 졸였다. 순산했다는 말을 듣는 순간 세 번의 허물벗기와는 또 다른 진한 감동과 사랑이 파도처럼 밀려들었다.

유리창 너머로 첫 손녀의 얼굴을 보다가 울컥했다. 자식의 탄생은 내 마음속에 하나의 사랑이 싹튼 것이라면 손녀의 탄생은 진한 사랑에다 보호본능까지 보태졌다.

그날부터 우리 부부의 삶은 손녀 중심으로 바뀌었다. 먹는 것, 입는 것은 물론이고 우리의 모든 일상사가 손녀의 일정에 맞춰 정해지고 변경됐다. 처음엔 당황했지만, 시간이 지나면서 손녀의 재롱에 흠뻑 빠져 지냈다. 손녀와 같이 있는 시간은 마치 적당한 온도의 물을 가득 채운 욕조에 몸을 담그고 눈을 감은 것과 같았다.

네 번의 허물을 벗은 지도 많은 세월이 흘렀다. 외손녀 두 명과 친손자 한 명이 대학생과 고등학생이 되는 동안, 사랑은 내리사랑이라는 말을 실감했다. 자식을 키울 때는 "안 돼, 안 돼."라는 말을 밥 먹듯 했지만, 손주들에겐 "괜찮아, 해 해."를 입에 달고 지냈다. 돌이켜 보니 허물을 벗을 때마다 삶의 방식도, 목표도 변했다.

나는 멀리 산 능선을 바라보며 우리 손주들이 앞으로 알차고 보람찬 허물을 계속 벗으며 자기 길을 당당히 걸어가는 사람이 되어달라고 빌었다.

내 마음의 괄호括弧

내 마음속 한편엔 괄호 쳐진 기억 몇 개가 있다. 괄호는 자주 떠오른다는 표시이기도 하지만 '왜 그럴까?' 하는 부정적인 측면이 대부분이다. 그 괄호들은 어떤 일에서 생겨나는 것일까. 곰곰이 생각했다. 가장 먼저 떠오른 것은 최근 경험한 일이다.

가족의 애를 태우던 친척조카의 결혼식 참석을 위해 서울행 기차표를 한 달 전에 예매하고, 당일은 열한 시 식 시간에 맞추기 위해 새벽부터 부산을 떨었다. 10시 30분 호텔에 도착하자마자 3층 신부 대기실로 올라갔다. 눈을 맞추고 축하를 하기 위해서였다.

신부와 신랑이 사진 촬영을 하고 있었다. 금방 끝나겠지, 하는 생각에 저만치 떨어져서 쳐다보고 있었다. 그렇게 십 분을 서 있었는데 촬영은 끝나지 않았다. 신부 엄마에 의하면 몇 달 전부터 웨딩 촬영이며 예행연습을 했고, 한 달 전에는 부모님까지 예복을 입고 사진을 찍었다고 했다. 신부는 나를 보지 않을 수 없는 거리인데도 눈도 맞추지 않았다. 뻘쭘했다.

축하의 말을 건네고 싶은 마음을 접고 2층 식장으로 내려갔다. 신부 부모와 친척들을 만나고 식장 입구에서 식권을 건네자, 손등에 십 원짜리 동전 크기의 딱지를 붙여주었다.

주례 없는 식은 어두운 구석진 곳에서 마이크를 잡은 사회자의 진행으로 자그마치 두 시간 동안 진행됐다. 사회자의 강요에 손뼉만 치다가 딱 한 번 친인척이라는 이름의 사진 촬영에 참여했다. 주인공과 눈도 맞추지 못했지만 기대는 남아 있었다.

비싸다고 소문난 강남의 오성급 호텔의 음식 맛은 어떨까? 탁자에 놓인 나이프, 포크, 스푼이 너무 많아 숫자를 세어 보니 총 15개였다. 음식만큼은 다양하고 푸짐하리라 기대했다. 하지만 음식은 다섯 가지뿐 맛도, 양도, 형편없었다. 기대를 저버린 정도가 아니라 기망欺罔당한 기분이었다. 하객 대부분이 나와 같은 표정이었다.

집으로 오기 위해 호텔에서 역까지 택시를 탔다. 대구에서 결혼식 하객으로 올라왔다는 나의 말에 택시 기사가 강남에서의 요즈음 결혼식 풍경을 중계하듯 말했다. 한마디 한마디가 내가 겪은 그대로였다. 우리네 결혼식이 언제부터 이렇게 겉치레에 빠져 버렸는지 안타까웠다.

열차에서 눈을 감았지만 잠은 오지 않고 엊그제 읽은 신문 칼럼이 떠올랐다.

미국 체조 스타 '시몬 바일스'가 소셜미디어에 프러포즈 받은 사진을 올렸다고 한다. 장소는 지붕에 천막을 친 야외였고, 꽃장식도 없었지만, 무릎 꿇고 청혼하는 남자 앞에서 '시몬'은 잇몸까지 드러내며 행복하게 웃고 있었다고 한다.

우리나라에서는 요즘 호텔 프러포즈가 유행이라고 한다. 호텔들이 경쟁적으로 관련 상품을 내놓아 5성급 호텔은 예약이 20~30건씩 밀려 있다고 한다. 그런데 그 비용이 만만치 않다는 것을 넘어 억 소리가 난다는 것이다. 외신 월스트리트저널(WSJ)은 이런 현상이 결혼을 망설이는 한국 남성들을 더 위축시킨다.'라고 논평했다.

우리나라 젊은이들 사이에서 예식 문화가 왜 이렇게 변질되어 가는지 걱정이다. 보다 실속 있고 정이 넘치는 예식 문화가 하루빨리 자리 잡기를 바란다.

세상에 완전체는 없다

"장애인은 불우한 사람이 아니라 부러운 사람이에요. 이 세상 그 누구도 완전체는 없어요. 다만 자신이 완전체라고 오판하며 살아가는 부류의 사람이 있을 뿐이에요."

우리나라에서 오십 년 동안 장애인들을 돌본 아일랜드 출신 '제라딘 라이언' 수녀의 말이다. 나는 신천을 산책할 때마다 이 말을 떠올리게 하는 세 팀을 만난다.

A. 의지의 남자

두 다리가 불편한 그는 눈비가 오지 않는 한, 해 뜨기 전 나타난다. 두 개의 목발에 온몸을 실어 덜렁대는 발을 옮길 때마다 발바닥이 지면을 탁탁 치는 소리로 걸음 수를 대신한다. 운동 기구가 있는 곳에 도착하면 사람들에게 먼저 밝은 목소리로 인사를 하고 돌의자에 앉는다. 그는 늘 웃는 얼굴이다. 잠시 휴식을 취한 그는 철봉에 매달려 상체 운동은 물론이고 철봉을 잡고 발의 힘을 얻기 위해 바닥을 디디는 운동을 끊임없이 한다.

백발에 주름진 얼굴을 가진 그가 얼마나 열심히 운동을 하는지 그를 처음 본 지 삼 년이 지난 어느 날, 러닝셔츠 차림으로 운동을 하는 그를 옆에서 보고 나도 모르게 "와…아." 하고 감탄했다. 가슴은 헬스장에서 열심히 근육 운동을 하는 중년의 가슴이고 이두박근 또한 기구 운동을 열심히 하는 젊은이 못지 않았다. 그러고 보니 언젠가부터 바닥에 발을 살금살금 내려놓기 시작했다. 나는 그를 '의지의 남자'라고 이름 붙이고 산책이 귀찮을 때마다 그를 떠올린다.

B. 팔짱 낀 노부부

이른 아침에 만나는 노부부다. 두 사람은 봄부터 가을까지 걷는 시간과 속도, 자세가 똑같았다. 양손에 지팡이를 짚으며 어둔하게 걷는 남자의 팔짱을 낀 여자는 남자의 걸음걸이에 발을 맞추어 걸었다. 나는 가끔 저만치 떨어진 의자에 앉아 걸어오는 두 사람을 유심히 살폈다. 왼쪽 오른쪽 어깨의 움직임까지 딱딱 맞았다. 그뿐이 아니었다. 두 사람은 걸으면서 도란도란 이야기를 주고받았다.

의자에 앉아 쉴 때면 여자는 가방에서 물을 꺼내 남자에게 주고 남자의 옷매무새를 고쳐주는 모습이 애틋했다. 매일 같은 자리에 앉아 쉬다 되돌아가는 걸로 봐서 앉아 쉬는 의자가 반환점이라는 걸 알 수 있었다.

그런데 언젠가부터 남자의 걷는 자세가 전에 없이 유연해지고 가끔은 남자 혼자 걷고 여자는 저만치 떨어져 걷기도 했다. 남자의 끈기와 여자의 극진한 보살핌으로 많이 회복되었다는 생각에 두 사람에게 마음속으로 박수를 보냈다.

황혼이혼이 유행처럼 회자하고 있는 요즘 이렇게 살갑게 부인의 보살핌을 받는 모습을 볼 때마다 살아오면서 아내에게 어떤 감동을 주었기에 그렇게 극진한 보살핌을 받는지 넌지시 물어보고 싶어진다.

C. 휠체어를 미는 딸

오후 산책에서 자주 목격하는 팀이다. 할머니가 탄 휠체어를 미는 사람은 중년 여성이었다. 두 사람의 얼굴을 보는 순간 직감적으로 모녀지간이라 느꼈다. 두 사람의 생김새가 닮은 데다 풍기는 분위기가 서먹서먹하지 않았다. 산책 중간에 휠체어를 세우고 중년여성이 할머니 앞에 쪼그리고 앉아 할머니의 자세와 무릎에 덮은 담요를 고치며 소곤소곤 이야기를 주고받는 모습이 저만치에서도 다정함을 느낄 수 있었다.

모녀를 물끄러미 바라보다 엊그제 읽은 신문 칼럼이 떠올랐다.
'완전체가 아닌 인간은 누구나 다 타인의 도움을 받아야 하는 때가 오게 마련이다.'

내 나이 망구望九가 되니 이 말이 하루에도 몇 차례씩 고개를 끄떡이게 한다.

정미소

동해 일출 출사를 갔다가 돌아오는 길이었다.

한적한 시골길을 지나다 차를 세웠다. 저만치 고샅길 안쪽 대나무 숲 언덕 초입에 잎을 떨군 감나무 두 그루가 붉은 감을 주렁주렁 매달고 풍요를 노래하고 있었다. 카메라에 담고 싶었다. 까만 돌담의 사열을 받으며 고샅길로 천천히 들어갔다. 모퉁이를 돌자, 대나무 숲 입구에 정미소가 있었다. 가을이면 벼 가마니와 사람이, 새들이 모여들어 동네에서 제일 번잡했을 그곳이 참새 소리도 없이 적적하기만 했다.

세월을 이기지 못한 양철지붕은 울긋불긋 검버섯이 피고, 비바람 충이 반쯤 파먹은 기둥을 붙잡은 함석 문은 작은 바람에도 삐꺽 삐꺽 연신 신음을 토했다. 다가가 안을 들여다봤다. 바닥에서 천장까지 거미줄이 빼곡했다.

지붕 구멍으로 들어온 햇빛 몇 줄기가 정미소 안을 대각선으로 선을 그으며 녹슨 기계를 비추고 있었다. 세월의 무상함을 콕 찍어 보여주는 것 같았다. 돌아서다 문득 초등학교 삼 학년 때 짝꿍이 생각났다.

학교로 가는 고개 너머 대나무 언덕 아래에 정미소가 있었다. 가을이면 종일 하얀 쌀을 토해내던 그의 집에서 이밥을 한번 얻어먹곤 매 끼니 이밥을 먹을 그 친구가 부러웠다.

그는 부모로부터 적지 않은 재산을 물려받아 친구들의 부러움을 샀다. 그런데 육십 대 초반에 자식인 남매가 결혼할 때 재산 전부를 물려주었다. 그러곤 아들과 함께 살면서 두 손주를 키우는 재미에 흠뻑 빠졌다. 오 년의 세월이 흘렀다. 부부 똑같이 몸도 마음도 쇠락해 거동이 불편해졌다.

재산은 자식에게, 육신은 손주에게, 다 주어버린 그는 자식에게 얹혀 사는 신세가 되었다. 어쩌다 한 번씩 만나면 부부는 말했다.

"내가 잘못 살았어. 나이를 먹을수록 자식들에게 손 벌리지 않을 만큼의 돈은 꼭 지니고 있어야 했는데!" 그의 부인이 덧붙였다.

"사흘이 멀다고 병원비 달라는 것도 구걸하는 것 같아요."

허리와 무릎이 고장 난 부부는 얼마 후 요양원에 입소했다. 병문안 간 나에게 그는 넋두리했다.

"해 뜨면 저물녘까지 창가에서 신작로 내다보는 것이 일이야, 내가 잘 못 살아서." 그가 나를 배웅하면서 한 말이었다.

나는 뒤돌아보지도 못하고 등 뒤로 손만 흔들었다.

삼 년 동안 끝나지 않은 전쟁

단독주택에서 아파트로 이사를 했다. 아침에 눈 뜨면 제일 먼저 오 층 창가로 가서 '산성산'이 계절의 옷을 한땀 한땀 만드는 모습을 보는 재미가 쏠쏠했다.

그러던 어느 날이었다. 이른 아침 '구구~구~구~' 울어대는 비둘기 울음소리가 마치 상가喪家에서 망자를 그리며 흐느끼는 울음 그 자체였다. 아침 기분이 묘했다. 위층 아니면 아래층이라 생각하며 속옷 차림으로 울음소리 위치를 찾아 나섰다. 우리 집이었다. 작은방 창가 에어컨 환풍기 위에 앉은 비둘기 두 마리가 내는 소리였다.

창문을 여는 순간 비둘기는 건너편 다리 난간으로 날아갔다. 환풍기 밑바닥을 살피던 나는 "아~휴~" 넋두리를 뱉었다. 비둘기 배설물이 허옇게 도배되어 있었다. 그곳은 이사 오기 전 내가 세제와 물 호스로 씻느라 애를 먹은 곳이었다. 그동안 비둘기가 그곳에 터를 잡고 살고 있었던 것이 분명했다.

아침을 먹으며 아내와 비둘기 퇴치 방법을 의논했다. 때맞춰 환풍기 쪽으로 비둘기가 날아오는 모습이 창밖으로 보였다. 나는 수저를 놓고 가만히 방문을 열고 고양이 걸음으로 환풍기 아래 바닥에 앉아 있는 비둘기에게로 다가갔다.

비둘기는 냄새로 아니면 밝은 눈으로 나를 발견했는지 창 가까이 다가가기도 전에 '구구…구…' 짝에게 낮고 빠르게 긴급 사항을 전달하며 날아가 버렸다.

그날부터 나와 비둘기는 신경전을 벌였다. 비둘기는 영악했다. 환풍기 위에서 고개를 이리저리 기웃거리며 방 안을 살피는 모습은 마치 어릴 적 숨바꼭질할 때 술래가 숨은 친구를 찾는 모습이었다. 비둘기는 나의 인기척을 기계처럼 알아차렸다. 전쟁은 날이 갈수록 첨예해졌다. 아무리 쫓아도 나의 일거수일투족을 CCTV 모니터로 보고 있기라도 하듯 나 모르는 사이에 다시 날아와 있었다.

인터넷 검색을 했다. 각종 퇴치 기구 중, 날개를 활짝 펴고 무서운 눈을 가진 비닐로 된 매의 모형 두 개를 구매했다. 매를 나무 막대에 묶어 환풍기 좌우에 세웠다. 그리고 비둘기의 동태를 유심히 살폈다. 얼마간 비둘기 두 마리는 환풍기 높이로, 좌우로 빠르게 날며 매를 살피긴 했지만 가까이는 오지 않았다. 나의 끈질긴 작전에 굴복, 다른 곳으로 이주한 것 같았다. 나는 전쟁에서 승리한 기쁨에 기분이 좋았다.

한동안 비둘기를 잊고 지냈다. 그런데 어느 날 외출에서 돌아오니 비둘기 두 마리가 매 모형 옆 창틀 난간에 앉아 있었다. 다음 날이었다. 한 마리는 모형 옆에 앉아 있고 다른 한 마리는 환풍기 아래 바닥에서 꾸벅꾸벅 오수에 빠져 있었다. 그들은 매 모형은 아랑곳하지 않고 그곳에서 숙박하는 것이 분명했다.

비둘기가 얄미웠다. 그들에게 찬찬히 숙박비를 청구할 여유가 없었다. 신문을 말아 쥐고 엎드려 그들에게로 기어가는데 오래전 훈련소에서 낮은 포복으로 철조망을 통과할 때 철조망에 군복 상의가 걸려 찢어진 기억이 떠올라 쓴웃음이 나왔다. 그날도 나는 패배했다. 냉정하게 작전을 짰다. 여러 차례 문 뒤에 숨어 그들의 동태를 살피며 어두워지기를 기다렸다.

날이 어두웠다. 창가로 살금살금 다가갔다. 두 마리가 '구…구…' 소곤거리는 소리가 들렸다. 다시는 오지 못하도록 단단히 혼을 내주고 싶었다. 방충망을 살며시 당기자, 둘은 나의 낌새를 알아챈 것 같았다. 환풍기 아래 비좁은 공간에서 빠르게 몸을 움직이며 '구…구…구,' 급박한 소리를 냈다. 비둘기는 등 뒤 방충망의 움직임에 긴장, 이리저리 움직이면서도 어두움 속에서 쉽게 날아가지 못하는 것 같았다. 조심조심 방충망을 밀고 신문 방망이로 환풍기 난간을 내리쳤다. 소리가 요란했다. 비둘기 두 마리는 순간 날개를 푸덕거리다 좁은 공간으로 빠져나가 저만치 떨어진 아파트 가로등 모퉁이로 사라졌다.

다음 날 아침 산책길이었다. 둔치를 걷는데 저 앞쪽에 비둘기 수십 마리가 잔디밭 위를 이리저리 날고 있었다. 가까이 갔다. 중년의 아주머니가 앞으로 맨 검은 가방에서 비둘기 먹이를 꺼내 잔디밭에 뿌리자, 그때마다 비둘기 무리가 이리저리 어지럽게 날며 먹이 경쟁을 벌이고 있었다.

나는 비둘기와 오랫동안 전쟁 중이라 기분이 좋지 않았다. 더욱이 그들이 유해조류로 지정됐다는 신문 기사가, 또 공원 입구에 '비둘기 먹이를 주지 마세요.'라는 안내 글이 떠올랐다.

비둘기에게 먹이를 주면 안 된다고 말할까 말까 주춤거리던 순간, 문득 어느 책에서 읽은 글이 생각났다. "이 세상 모든 생명체는 그 어떤 것이라도 자연 일부로서 소중하다." 그리고 "모든 일에는 양면성이 있다." 나는 빠른 걸음으로 그곳을 벗어났다.

집으로 오는 내내 비둘기와 전쟁보다는 평화협정을 생각하고 생각했지만, 묘안이 떠오르지 않았다.

내 고향 구전

산비탈 밭에서 오리걸음으로 뙤약볕과 씨름하던 고산댁의 목에 걸린 핸드폰이 울렸다. 외아들 석이였다 호미를 놓으며 생각했다. '토요일이 아닌 금요일 밤에 오겠다는 전화이겠지.'

"응, 그래." 고산댁의 목소리가 통통 튀는 순간이었다.

"엄마…, 아버지 제사에 못 내려갈 것 같아, 회사 일이 너무 바…빠."

"(…)"

말문이 막혔다. 지난 명절 앞두고 받은 전화 내용 그대로였다. 따지고 든다면 명절과 제사라는 명칭과 시기만 다를 뿐이었다.

"무자식이 상팔자라더니." 고산댁이 밭고랑에 펄썩 주저앉으며 넋두리를 뱉었다. 멍하게 바라보는 산 능선 위로 석이 아베 생각이 몽글몽글 피어올랐다.

그는 입버릇처럼 말했다. 무슨 일이 있더라도 아들 뒷바라지는 잘 하자고! 그가 바란 대로 석이는 공부를 잘했다. 중학교부터 고등학교까지 일등을 놓치지 않아 자랑하고 자랑을 해도 모자랐다. 읍내에 하숙시키면서도 힘든 줄 몰랐다.

석이가 서울 유명 대학에 합격하자, 마을 당산나무 앞은 물론이고 석이가 다니던 읍내 중학교, 고등학교 정문에 축하 현수막이 한 계절 내내 걸려 있었다.

고산댁 부부는 세상 그 무엇도 부럽지 않았다. 부부는 읍내장터에 막걸리 인심이 좋은 사람으로 소문이 났다. 석이 아베는 장날이면 어김없이 현수막이 걸려 있는 학교 정문으로 가서 흐뭇한 미소를 지으며 한참을 서성거렸다. 그뿐이 아니었다. 구멍 난 고무신을 신고 겨울을 나면서도 석이 이야기만 나오면 환하게 웃으며 어깨에 짊어진 지게를 곧추세웠다. 그에게 아들 석이는 사는 보람이고 희망이었다. 그래서 어디에서도, 누구를 만나도, 아들 자랑은 항심恒心이었다.

'지를 어떻게 키웠는데.' 생각하면 할수록 석이 아베가 불쌍했다. 넋이 나간 고산댁을 뻐꾸기가 구슬픈 노래로, 하얀 깨꽃은 방긋방긋 웃으며 위로했지만 줄을 잇는 아린 기억들로 가슴이 먹먹했다.

엊그제 읍내 방앗간에서 세 시간을 기다리며 마련한 참기름, 들기름, 고춧가루 그리고 통에 담아 놓은 된장, 고추장, 간장은 또 어떻게 해야 할지 걱정이었다. 어디 그뿐인가 장터 국밥집에서 아들 내외와 돌을 갓 지낸 손녀 자랑을 늘어놓으며 막걸리를 세 주전자나 사지 않았던가. 제사 음식을 나누어 줄 때 이웃들이 오지 않은 아들 안부를 물으면 무슨 말로 대꾸해야 할지 멍했다. 석이가 야속했다.

물주머니에 구멍이 뚫린 것처럼 기운이 싹 빠져나가 호미 잡을 힘이 없었다. 해가 중천인데 밭둑 걷는 발걸음이 허정허정 해거름 때보다 더 힘겨워 보였다. 구멍 난 고무신은 연신 삑삑거리며 지분덕거렸다. 저수지 둑 가장자리 물 버드나무에 등을 기대고 퍼질러 앉았다. 눈을 감았다. 어느 해 가을의 기억 물레가 돌아갔다.

막걸리 주전자를 들고 비탈밭으로 올라갔다. 석이 아베는 보이지 않고 베어진 콩대만 밭이랑에 길게 누워 있었다. 밭둑 너머 묏등으로 갔다. 저만치 등 굽은 소나무에 기대 졸고 있었다. 가까이 갔다. 고개가 한껏 젖혀지고 입술 아래로 희멀건 침이 흐르는데도 히죽히죽거렸다. 애잔했다. 저 남자는 꿈속에서도 아들을 위해 심신을 소진하고 있다고!

그는 봄기운이 돌면 꼭두새벽에 산 고개 두 개를 넘어 읍내로 가서 공동 화장실에서 가득 채운 똥 장군을 지고 와 산비탈 밭에 뿌렸다. 그리고 늦가을까지 흙과 씨름을 하며 긴긴해를 서산으로 밀어 넘겼다. 추운 겨울에는 부엌 땔감은 물론이고 읍내 장에 내다 팔 장작을 구하기 위해 산을 누볐다. 그러면서도 입버릇처럼 되뇌었다. 무슨 일이 있더라도 아들 뒷바라지는 잘하자고,

석이가 서울 생활에 적응해 갈수록 고산댁 부부도 힘에 부쳤다. 매

년 송아지와 콩가마 그리고 겨우내 온 산을 누비며 구한 땔감을 내다 판 돈을 한 푼도 쓰지 않고 서울로 보냈다. 보답이라도 하듯 석이가 대학교를 졸업하고 우리나라 최고 기업에 당당히 합격했다. 고산댁 부부는 범골마을은 물론이고 읍내에서도 유명 인사가 되었다.

그런 얼마 후 마을에 슬픈 소식이 전해졌다. 석이 아베가 중병에 걸렸다는 것이다. 누군가가 말했다. 고난의 삶에 평생 동반자였던 담배와 술이 간과 폐를 다 망가트렸다고. 석이가 장가들어 손주를 안아보고 죽는 것이 소원이었던 석이 아베는 외아들을 위해 전부를 쏟은 질곡의 생을 흙에 묻었다.

"무자식이 상팔자야 무자식이."

눈물을 찍어대는 고산댁의 목멘 넋두리가 저수지 둑에 출렁대고 출렁댔다.

2부

플랫폼

◆플랫폼
◆신은 어디 계시옵니까
◆금풍金風
◆두 남자
◆산에서 웬 떡
◆00동 뒷골목
◆이쁜 짓
◆작은 실천 큰 보람
◆견공
◆산사랑 그 시작은

플랫폼

오후 세 시 '아산 전철역' 긴 플랫폼에 나 혼자 서 있다. 온양으로 오촌 당숙의 조문가는 길, 대구에서 열차를 타고 아산역에 내려 도보로 이동했다.

플랫폼은 꽤 높은 언덕 위에 있었다. 언덕 허리춤에 잎을 다 떨군 감나무 한 그루가 까치밥 한 개를 달고 흰 구름을 손짓하고, 늦가을 볕은 플랫폼 귀퉁이를 베고 누워 나와 눈도 맞추어 주지 않았다. 눈을 돌렸다. 오른쪽 철로를 따라간 눈길 끝에 까만 터널이 있고 터널 위에 잎을 떨군 나목들이 줄지어 서 있었다. 휑한 풍경에 마음 둘 곳이 없어 왼쪽 철길로 눈길을 돌렸다. 철길 끝은 이내 소실점으로 이어졌고 그 위로 구름 한 점이 망인의 기억을 둥글게 원을 그리며 맴돌고 있었다.

그는 남쪽 작은 갯마을에서 목선 한 척 없이 산비탈 손바닥만 한 밭과 다랑논 두 마지기로 육 남매를 건사하다 자식들 글 가르치겠다는 일념 하나로 고난에 맞섰다. 아무런 준비도 없이 무작정 육 남매를 데리고 천리나 되는 서울로 올라와 가장 험난한 시대에 온갖 고생을 하며 자식들을 먹이고 가르치며 질곡의 세월을 보냈다.

자식 셋이 제 앞가림을 시작하자 요 얼마간 잠시 한숨 돌리는가 싶었다. 흩어져 사는 친척들은 이구동성으로 말했다.

"복 많은 노인이야."라고. 그 소문이 돌고, 얼마지 않아 날아온 부고 소식이었다.

산다는 건 무엇이며, 행복은 어떤 의미일까. 그리고 삶과 죽음은 어떤 차이가 있을까? 부질없는 생각에 바닥을 내려다보는데 개미 한 마리가 거침없이 철로를 향해 걸어가고 있었다. 서슴없이 일직선으로 나아가는 모습이 마치 전철을 꼭 타야 한다는 몸짓 같았다. 나는 개미를 따라 걸음을 옮기며 생각에 잠겼다. 개미도 나도 이 세상의 길을 걷는 시간 나그네인데, 지금 개미의 목적지는 어디이며 무슨 일로 저리도 진지하게 걷고 있을까. 그때 '웅~우~웅…' 비행기 소리가 철로 위로 멀어져갔다. 궁금했다. 개미와 나의 생의 차이는 무엇이며, 또 속도 차이는 얼마일까.

거침없이 걷던 개미가 콘크리트 끝단에 도착 앞발을 비비며 이리저리 주위를 살폈다. 아래로 내려가야 할지, 모퉁이를 돌아가야 할지를 결정짓지 못해 두리번거리는 것 같았다. 나는 개미의 이동 거리와 시간을 쟀다. 이동 거리 약 6m에 시간은 대략 십 분이 걸렸다.

생의 시간을 비교했다. 일개미의 수명을 일 년, 사람의 수명 팔십을 대입했다. 개미의 십 분은 나에겐 13시간이라는 긴 시간이었다. 그리고 개미의 이동 거리 6m는 나에겐 480m라는 짧지 않은 거리였다. 그러고 보니 쌀알 크기의 저 작은 체구가 걷는 속도 또한 대단하다는 생각이 들었다.

무엇보다도 낯선 길 앞에서 많이 망설이는 나에 비해 개미는 잠시 앞을 살피곤 미지의 길을 거침없이 걸어갔다. 미지의 길을 저토록 당당히 걷는 용기는 어디에서 나오는 걸까. 아마도 나와 달리 새로움에 대한 강한 욕구가 두려움에 대한 극복의 촉매제 역할을 하는 것이 아닐까.

잠시 후 전철이 들어온다는 안내 방송이 울려 퍼졌다. 개미를 확인했다. 개미는 철로를 향해 아래로 내려가고 있었다. 나는 잠깐 생각했다. 개미를 저 언덕 너머로 옮겨줄까? 그러다 마음을 바꾸었다. 그곳이 개미가 가고자 하는 방향이 아니라면 오히려 길을 헤매게 될 것이다. 그거야말로 개미가 길을 잃고 방황하게 하는 나의 잘못이라는 생각이 들었다. 모르긴 해도 저리 당당한 몸짓을 보면 개미는 지금 자신이 원하는 길을 가고 있다고 여겨졌다.

생각이 이어졌다. 움직이는 모든 존재는 길을 걸어야 하고, 길을 걸어야 새로운 세상을 만날 수 있다. 그리고 생물의 중요한 권리는 길의 선택권을 가진 것이며 그에 따른 성패도 오롯이 본인의 것이라는 것이다.

전철이 플랫폼에 정차했다. 나는 이 무겁고 지루한 시간을 메꾸어 준 개미에게 마음속으로 감사 인사를 했다. 좌석에 앉아 밖을 내다보니 해가 서산마루에 앉아 있었다. 또 하루가 저문다는 생각 뒤로 문득 자연이 준 시간 속에서 각자 생의 길이 차이는 어떤 의미이며, 또 속도 차이는 어떤 의미인지, 부질없는 질문들을 '철거덕 철거덕' 두 줄 철길 위에 뿌리고 뿌렸다.

신은 어디에 계시옵니까

TV에서 내전으로 얼룩진 소말리아에 전쟁고아가 세계에서 가장 많다는 소식을 전하고 있었다. 그동안 나는 해적들이 상선을 납치 소말리아로 끌고 갔다는 뉴스를 접할 때마다 고개를 갸웃했다.

첨단 과학이 발달하고 더욱이 IT가 지구를 지배하는 21세기에, 17~18세기에 출몰했던 바다의 무법자들이 지금도 출몰한다니 도무지 믿기지 않았다. 소말리아 내전은 1991년 1월에 시작된 이후 지금도 진행 중이라고 한다. 그로 인한 극심한 빈곤 속에서 오직 생계를 위해 목숨을 걸고 인도양과 아덴만을 지나는 선박들을 대상으로 해적행위를 하고 있다는 것이다.

채널을 돌렸다. 공교롭게도 전쟁고아를 돕는 모금 단체에서 광고로 열한 살 '벤자민'이라는 소년을 소개하고 있었다. 그는 소말리아

내전으로 부모를 잃고 두 동생을 돌보는 가장이었다. 벤자민은 낮이면 섭씨 50도를 웃도는 사막에서 황토를 파내 펄 물에 씻어 금가루가 나와야 밥을 먹을 수 있었다. 벤자민은 어린 두 동생을 거적때기에 앉혀놓고 황토를 작은 그릇에 담아 펄 물에 흔들어 댔다.

사막의 밤은 낮과는 정반대였다. 낮의 화덕 같은 더위는 모래 속으로 숨어버리고 찬 바람이 불었다. 삼 형제는 거적때기 하나를 덮고 서로의 체온으로 밤을 견디다 아침 해가 떠오르면 눈빛으로 서로 살아 있음을 확인했다. 그리고 그들의 눈이 가는 곳은 건너편 부족장의 소 마구간 앞이었다. 그곳엔 아침마다 부족장의 아들이 소 젖꼭지를 빨고 있었다. 그 모습을 유심히 바라보던 삼 형제는 결국 흙탕물로 심한 갈증과 허기를 달랜다는 설명이었다.

가슴이 먹먹해 나는 넋두리처럼 중얼거렸다.

"정녕 신은 어디 계시옵니까?"

금풍金風

아침 밥상에서 작은 일로 아내와 다투었다. 물 한 병을 들고 집을 나섰다. 징검돌을 세며 신천을 건너는데 돌을 돌아내리는 물소리가 어제와 달랐다. 귀를 기울였다. "성질이 급하다, 당신이 잘못했다."라고 계속 나무라는 듯했다. 강퍅한 내 가슴에 청아한 물소리를 한가득 채우고 싶었다. 징검돌 중간쯤에 서서 맑고 고운 물에 아침 일을 비췄다. 이리저리 살펴도 나의 잘못이었다. 욱하고 화난 목소리로 받아칠 일이 아니었다.

나이 들어갈수록 마음의 그릇은 키우고, 말수는 줄이고, 목소리는 낮추어야 한다는 어른들의 말이 새삼 가슴에 와닿았다. 그동안 군데군데 이가 빠지고 흠집투성이인 마음 사접시를 바꾸어야 한다고 수없이 되뇌었지만, 아직 바꾸지를 못했다. 아내가 자주 지적했다.

"남에게는 한없이 부드럽고 상냥하면서 가족에겐 왜 그 반대인지 알 수가 없네." 내가 생각해도 참 이상하리만치 남의 말은 잘도 경청하면서 아내의 말에는 그 반대였다. 이런 나를 자각한 지도 오래 되었건만, 아직 마음 접시를 바꾸지 못한 것은 순전히 나의 의지 부족이었다.

가을 색이 완연한 청룡산 너덜겅 펑퍼짐한 돌에 엉덩이를 얹었다. 멀리 병풍처럼 누운 능선 위로 뭉게구름이 솜사탕처럼 피어오르고 산새 노래 합창에 단풍들은 몸을 흔들며 저마다 가을옷 자랑에 여념이 없었다. 아래를 내려다봤다. 신천 중에서 가장 폭이 넓은 용두교 수면에 둑 너머 아파트가 반영의 액자를 걸어놓고 있었다. 액자는 선명했다.

모두 모두 자신을 내세우기보다는 만추라는 축제에 자신의 역할을 묵묵히 수행하고 있었다. 아침을 되새겨보니 나는 가정에서 모난 돌이었다. 물그림자 위로 전에 느끼지 못한 뉘우침의 마음이 일렁거렸다.

많고 많은 사람 중에 아내와 내가 인연을 맺어 자식을 낳아 키우며 살아간다는 건 얼마나 귀한 인연인가. 정확히 오십 년 전 아내와 운명의 연緣줄을 이었다. 일 년을 사귀고 결혼을 결심하며 마음속으로 다짐했다. '이 사람을 영원히 사랑하고 아끼리라.' 그리고 핏줄인 남매가 태어날 때, 또 아이들이 학교에 진학할 때마다 가장의 지게 밀삐를 바짝 당기며 다짐한 말도 가족 사랑이 아니었던가.

그런데도 내 안에 도사리고 있던 다른 내가 때 없이 튀어나와 갈등을 조장하고 가정의 평화를 깨뜨리고 있었다. 가끔 못난 그를 한밤중 용광로에 넣어 제련했지만, 결과는 매번 선철先哲이 아닌 잡철이었다.

눈을 감았다. 시원한 금풍金風이 가슴속을 쓰다듬었다. 그때 어디에서 날아왔는지 산새 한 쌍이 옆 소나무 가지를 오르내리며 맑고 고운 목소리로 반복해서 말했다.

"포용력이, 참을성이 부족해."

"문디 성질이 사접시라."

아내의 말이 귓전에 계속 윙윙거렸다. 나는 창공에 반성문을 쓰고 또 썼다. 그리고 이번에야말로 내 안의 얇은 접시를 뚝배기로 바꾸자고 이를 악물었다.

해거름에 산에서 내려오는 발걸음이 한결 가벼웠다. 징검돌을 밟으며 다짐했다. 커피를 타서 아내에게 건네며 넌지시 말하자고.

"당신… 아침에 미안해."

두 남자

색바람이 산들산들 가을 향기를 실어나르는 냇둑을 걷다 의자에 앉아 산 능선 위로 피어오르는 뭉게구름에 마음을 싣고 있었다.

한 젊은이가 징검돌을 밟으며 개울을 건너는가 싶더니 개울 중간쯤에서 갑자기 신발과 양말을 벗어 징검돌 위에 놓고는 바짓가랑이를 무릎까지 걷었다. 그러고는 서슴없이 개울물 속으로 들어갔다. 무릎까지 차오르는 물속을 성큼성큼 걸어 중앙에 머리를 물 밖으로 쏙 내민 돌로 다가가 예약이라도 해 둔 듯 털썩 앉았다. 분홍색 티셔츠에 갈색 운동모를 쓴 그의 모습이 마치 고깔모자를 쓴 풍물놀이패가 개울물에 앉아 있는 것 같았다. 햇볕도, 개울도, 바람도, 나도 남자의 행동에 눈을 떼지 못했다.

남자는 셔츠 주머니에서 담배 한 개비를 꺼내 입에 물고 라이터로 불을 붙였다. 그러고는 폐부 깊숙이 빨아들이더니, 세상에서 가장 맛있는 음식을 먹는다고 자랑이라도 하듯 입을 멍게처럼 오므리고 목을 빼 올리며 연기를 내뿜었다. 때마침 비슬산에서 살랑살랑 춤을 추며 내려오던 가을 전령사들이 손사래를 치자 푸른 연기가 사방으로 흩어졌다.

담배 연기와 냇바람의 실랑이가 너무 이질적이라 눈을 떼지 못하는 순간, 내 코에 담배 냄새가 훅 들어왔다. 마치 실바람이 당신도 한번 맡아보라는 것 같았다. 평생 담배를 피우지 않은 나는 손으로 부채질해 댔지만 남자는 보란 듯이 담배 연기를 계속 내뿜었다. 한참 후 그는 꽁초를 엄지와 중지에 끼우고 바짝 당긴 화살처럼 파란 하늘을 향해 쏘아 올리자, 꽁초의 푸른 비명이 포물선을 그리며 물속으로 사라졌다.

산 능선에서 내려오는 가을 냄새를 한껏 맞고 싶었던 마음을 접고 집으로 오는데 얼마 전 이층 창으로 내다본 꽁초의 기억이 떠올랐다.

땅거미가 어슬렁거리는 에움길 모퉁이 원룸 앞에 한 남자가 쪼그리고 앉아 담배를 피우고 있었다. 한 모금 한 모금 깊숙이 들이마셨다가 입을 붕어 입처럼 쑥 내밀며 '휴…우' 불자 푸른 연기가 가로등 전봇대와 키 재기를 했다. 그는 담배를 피우는 내내 고개를 내저으며, 얼굴을 찌푸리고, 중얼거렸다.

담배를 다 피운 그가 꽁초를 원판에 송곳을 던지듯 튕겨내자, 꽁초는 총알처럼 날아가 맞은편 담벼락에 부딪히며 불꽃 비명을 내질렀다. 나는 생각했다. 아마도 그는 오늘 감내하기 힘들었던 일을 담배 연기로 뿜어내고 가슴속에 웅크리고 있던 응어리를 꽁초에 실어 날려버린 것이라고.

잠시 후 남자는 골목 지킴이 전봇대로 다가가 느닷없이 바지 지퍼를 쓰윽 내렸다. 이내 가로등 아래엔 꾸물꾸물 뱀이 허물을 벗자, 그는 전봇대 가슴에 덕지덕지 붙은 이정표를 유심히 올려다봤다. '셋방, 쌀집, 연탄 집, 담뱃집, 개성 있는 글씨와 눈을 맞춘 그가 다시 목을 빼 올리는가 싶더니 고개를 끄떡끄떡했다. 맨 위쪽 액자처럼 걸려 있는 광고를 또박또박 읽는 것 같았다.

"급전 당일 대출 1588-0000."

생각이 깊어졌다. 담배를 피운 두 남자는 아마도 총칼 없는 전쟁터에서 감내하기 힘든 하루하루를 견디고 있는 젊은 가장일 것이다. 난 그들에게 진한 연민을 느끼며 간절히 바랐다. 살아가면서 제 한 몸 불사르고 꽁초처럼 내동댕이쳐지는 일 없이 보람된 날들이 그들에게 도래하길.

산에서 웬 떡

오랫동안 기다리던 봄비가 촉촉이 내린 뒤였다. 최정산으로 다래순을 따러 갔다. 산 중턱에 차를 세우고 숲길로 들어서는데 앞서가던 아내가 큰 소리로 말했다.

"끝났어요."

다래 순이 훌쩍 커버린 것이었다. 벚꽃이 다른 해보다 며칠 일찍 핀 것을 고려하지 못한 탓이었다.

산 850고지에 있는 정자에서 커피를 마시며 무르익는 봄기운을 느껴보기로 했다. 정자 앞에 차를 세웠다. 그런데 정자 기둥에 스틱 3개가 세워져 있었다. '지금 시간에 왜' 하는 생각에 고개를 갸우뚱하며 자세히 쳐다봤다. 그들은 고개를 푹 숙이고 있는 것 같은 모습으로 묘한 느낌을 주었다. 정자에 앉으며 '산을 찾은 누군가가 정자에 잠시 쉬었다 가면서 깜빡하고 가버렸다.'라고 생각했다. 시계를 봤다.

아침 9시 30분이었다. 그러고 보면 오늘이 아닌 어제 오후에 이곳을 이용한 사람일 거라는 생각이 들었다.

"주인이 찾으러 오겠지…" 나의 말에 아내가 말했다.

"이 낡은 물건을 이 높은 곳까지 누가 찾으러 오겠어요." 나와 달리 아내는 한눈에 그들의 상태를 알아차린 것 같았다.

커피를 마시고 일어서다 잠시 생각했다. 이 높은 곳까지 이들을 찾아올 것 같지 않았다.

"잃어버린 사람에게 감사하게 잘 쓰겠다."라는 마음속 말을 되뇌며 차 트렁크에 넣기 위해 스틱을 집어 들었다. 순간 스틱 아랫부분이 빠지며 덜렁거렸다. 점검해 보니 다른 것도 조정 나사가 고장 나 길이 조정이 안 되는 거였다.

"참 나," 나는 넋두리를 뱉으며 쓴웃음을 지었다. 하지만 수명을 다한 그들을 나마저 그곳에 버릴 수 없다는 생각에 마지못한 표정을 지으며 트렁크에 넣는데 아내가 한마디 툭 던졌다.

"산에서 웬 떡인가 했지만, 똥 밟았지! 뭐."

00동 뒷골목

지상철 종점의 계단을 내려가는데 진눈깨비가 뿌리고 있었다. 우체국을 끼고 우측 모퉁이를 돌아 골목을 빠르게 걷다 순간 멈칫했다. 진눈깨비 속의 직선 골목 풍경이 여느 동네와는 달라도 너무 달랐다.

양쪽으로 줄 서 있는 3층과 4층 건물 외관이 하나같이 비슷한 데다 집집마다 붙어 있는 간판의 모양과 이름이 특이했다.

왼쪽부터 읽었다. '옷 수선, 퇴근길 한잔, 방실이 주막집, 대포 한잔 7080, 대박 전 마을(대폿집).'

오른쪽으로 눈을 돌렸다. '내가 살아있는 소리 (카스 광장), 신가네 토장집, 복동이 숯불갈비.' 간판 이름들이 하나같이 재미있어, 서로 간판 이름을 상의해서 지은 건 아닐까 하는 생각마저 들었다.

궁금했다. 이 골목에 어떤 사람들이 모여들까, 저녁 풍경은 어떤 모습일까. 모인 사람들은 어떤 이야기를 주고받을까. 모르긴 몰라도

이 골목에 모여 하루의 회포를 푸는 사람들은 우리네 인생살이에서 애환을 많이 품고 살아가는 보통 사람들이라 여겨졌다.

그때 핸드폰이 울렸다. 만나기로 한 지인이었다. 자신은 '복동이 숯불갈비'에 도착해 있다고 했다. 식당으로 들어서자, 인적이 뜸한 밖과는 달리 사람이 많았다. 나는 자리에 앉아 주위를 살폈다. 손님은 모두 남자였고 연령층은 다양했지만 하나같이 기업의 작업복 차림이었다. 각자의 일터에서 하루를 채우고 이 골목에 모여 피로를 풀며 내일에 대한 힘을 서로서로 불어넣어 주고 있었다. 정이 물씬 풍기는 곳이었다.

지인과 나도 분위기에 휩쓸려 찻집으로 옮기지 않고 오랜만에 이십 년 전 직장 생활을 진하게 되돌아보며 분위기에 취하고 술에 취해 목소리를 높였다. 오랜만에 회포를 푼 저녁이었다.

이쁜 짓

밤잠을 설쳤다. 117년 만에 처음이라는 화덕 더위가 기성을 부려 잠이 오지 않았다. 정치꾼들에 놀아나는 방송에 신물이 나 보지 않던 TV를 마지못해 틀었다. 그런데 정치인들이 지지고 볶는 뉴스 일색이었다. 선거철만 되면 이구동성으로 국민을, 국가를 위해 이 한 몸 바치겠다고 강조하는 정치꾼들 아니 권력 사냥꾼들 그들은 하나같이 국민 세금으로 호의호식하면서 국민은 안중에도 없고 오직 자신과 자신이 속한 집단의 이익을 위해 전력투구하는 언행에 화가 나 내 풀에 밤잠을 설쳐 아침 늦도록 침대에 누워 있었다.

아내의 독촉에 아침 식탁에 앉았다. 보란 듯이 조간신문이 눈길을 끌었다. 새벽잠이 없는 아내가 신문을 보다 식탁에 놓아둔 것이었다. '보기 싫어.' 마음속 말을 되뇌며 신문을 밀치는 순간 내 눈이 1면 제목 글씨를 읽고 말았다. 입이 썼다. 전에 없이 된장국이 소금 맛이었다.

"국이 왜 이리 짜." 두 번 세 번 국을 떠 맛을 본 아내가 말했다.

"당신 입맛이 변했네! 한 번 더 먹어 보소."

"뭐가… 짠데." 나는 맛도 보지 않고 툭 내뱉었다.

"맛이 있다고 하면 입이 비뚤어지나. 자기가 언제부터 정치판에 뛰어들었는지 참 알 수가 없네." 연이어 날아오는 하드 펀치를 맞고 난 멍했다.

밥숟가락을 놓은 아내가 운동 가방을 들고 현관문을 쾅 닫고 나갔다. 그제야 정신이 번쩍 들었다. 국을 떠 맛을 봤다. 평소 먹었던 그 맛이었다. 정치꾼들의 입방아에 놀아나다 아침 집안 분위기를 망친 것이었다. 미안했다.

나는 청소를 하면서 평소 잘하지 않던 장롱 아래는 물론이고 소파 틈새까지 청소했다. 진공청소기도 놀랐는지 '배터리가 부족합니다.'라는 글과 함께 연신 빨간불이 깜박거렸다. 바닥 걸레질까지 마치자, 이마와 등짝에 땀이 주르르 흘러내렸다. 커피를 마시는데 '내가 먼저 변해야 상대도 변한다.'라는 말이 가슴을 지그시 눌렀다. 커피잔과 개수대에 있는 밥그릇과 국그릇을 씻어 선반에 얹었다.

돌아온 아내가 싱크대 앞에서 입을 삐쭉거리며 한마디 던졌다.

"이쁜 짓 했네."

작은 실천 큰 보람

도로는 한가했다. 폭군 더위를 피해 산으로 피난을 가는 길, 산 아래에 도착해 시계를 봤다. 오전 일곱 시, 이 시각이면 산 정상으로 오르는 길 가장자리에 있는 세 개의 정자가 모두 비어 있으리라 생각했다.

'오늘 어느 곳에서 시원하게 보낼까.' 행복한 고민을 하며 차창을 내리고 맑고 시원한 공기를 심호흡했다. 구불구불 산길을 오르며 숨소리를 높이는 자동차와는 달리 기분이 상쾌했다. 육백 고지쯤에서 연이어 급커브를 돌자, 저 앞으로 엷은 안개를 머리에 얹은 첫 정자의 갈색 삼각 지붕이 모습을 드러냈다. 기세 좋게 다가갔다.

"아니, 벌써." 입에서 실망의 말이 터져 나왔다. 정자 앞에 차량이 서 있었다. 바빠졌다.

두 번째 정자는 칠백 고지로 약 사백 미터의 가파른 직선도로 위에 있었다. 숨차하는 말에 채찍을 휘두르듯 차량의 가속페달에 힘을 가했다. 길 소실점 위로 정자 지붕이 빼꼼 보이다 자동차가 수평을 잡는 순간 "세상에!" 아내와 나는 신음 넋두리를 동시에 뱉었다. 차량 두 대가 좌우에서 정자를 호위하고, 정자 앞엔 텐트가 보초까지 서고 있었다. 그곳은 반나절 이상 주위 나무들이 그늘을 드리워 주는 데다, 남쪽과 북쪽이 확 트인 능선이라 불어오는 바람이 모여들어 하루 내내 시원한 곳이었다. 오늘 하루 피난처로 꿈꾼 곳이었다.

차를 세우고, 만나기로 한 지인에게 전화를 걸었다. 자신들은 이미 이곳을 지나 세 번째 정자에 막 도착하고 있다고 했다. 그곳 정자는 팔백 고지로 동서가 확 트인 계곡 정상이었다. 오전엔 동쪽에서, 오후엔 서쪽에서 햇볕이 간단없이 내리쬐는 곳이라 여름철 이용은 피하는 곳이었다. 그래도 사람이 없다는 말에 다행이다 싶었다. 설레발을 치며 그곳으로 가는데 다시 전화를 걸어온 지인이 난감한 목소리로 말했다. 정자 주위가 너무 더러워 이용할 수 없다는 것이었다.

정자에 도착하자마자 주위를 살폈다. 풀밭에 음식물 찌꺼기와 고기를 담았던 비닐 팩, 각종 포장지, 음료수 캔, 하얀 휴지들이 널브러져 있었다. 정자 지킴이 쥐똥나무 발등엔 고기를 굽던 석쇠와 고기 비곗덩어리들이 파리와 개미들을 불러 모아 한판 잔치를 벌이고 있었다. 심지어 정자 바닥엔 손바닥 크기의 불에 탄 까만 흉터가 세 군데나 있었다.

시원한 바람이 부는 그늘에서 흰 구름이 점점이 떠가는 파란 하늘을 올려다보며 나를, 생을, 되돌아보며 여유만만하게 더위를 이겨 보려 했던 기대가 물거품이 되는 순간이었다.

오늘 일기예보는 낮 최고 기온이 섭씨 37도를 기록할 것이라고 했다. 어디에서 하루를 보내야 하나 난감했다. 집으로 돌아가 에어컨과 종일 씨름한다는 건 생각만 해도 머리가 찌근거렸다.

바장거리며 동쪽 저 멀리 첩첩이 이어지는 산릉선을 바라보다 문득 어느 사찰 입구에서 읽은 현수막 글이 떠올랐다.

"누군가 해야 할 일이라면 지금 내가 하자. 작은 실천이 큰 보람으로 돌아온다." 책에서 읽은 구절이 더해졌다.

"단단한 행복이란 일에서 얻어진 보람으로 한번 얻으면 상황이 변해도 쉽게 잊히지 않는다." 때맞춰 벚나무 우듬지에 앉은 까치 한 쌍이 반복해서 말했다.

"숲이 많이 아파요. 도와주세요."

"웃고 싶어요." 쥐똥나무도 자기 발등 내려다보며 말했다.

"춤을 추고 싶어요." 풀숲도 거들었다.

"산새의 노래를 듣게 해 주세요." 정자는 나를 빤히 쳐다보며 눈빛 메시지를 보냈다.

그래 오늘 보람된 일을 하자. 나는 자동차 트렁크 속을 되작여 야외 의자를 넣어간 큰 비닐봉지 두 개를 준비했다. 쓰레기를 주워 담는데 등줄기로 땀이 흘러내렸다. 근래 내가 한 일 중 '가장 잘한 일'이라는 생각이 들었다. 뿌듯했다. 정자에 앉아 커피를 마시는데 커피 향이 맑은 공기와 어울려 코끝을 간지럽혔다. 더위도 계곡 아래로 숨어드는 것 같았다. 이런 것이 일에서 얻어지는 알찬 보람이라는 걸 새삼 느꼈다.

한결 여유로운 마음으로 아침 일을 되새겨봤다. 이른 아침부터 서두른 나의 행동은 공공장소인 정자를 남보다 먼저 차지하려는 이기심의 발로였다. 이는 평소 손주들에게 공공장소에서 양보와 배려를 실천해야 한다고 강조한 것에 반하는 행동이었다.

쓰레기를 치운 덕이었을까. 그날따라 높은 구름이 많았다. 한낮 내내 우리가 자리를 편 소나무 아래에 그늘을 드리워 주었고, 활꼴의 계곡에선 시원한 바람을 빨대처럼 빨아올려 쉼 없이 선물해 주었다. 그뿐만이 아니었다. 칠십 평생 수평선 위로 지는 해만 기억 속에 담아왔던 내게, 산릉선을 타고 물드는 저녁노을은 처음 마주한 황홀한 풍경이었다. 숲 위로 붉은 별 무리가 반짝이고 검붉은 노을빛이 드넓은 하늘을 물들이다 서서히 삭아지는 하루의 완경은 가슴을 뭉클하게 했다.

작은 실천이 큰 보람을 안겨준 날이었다.

견공

반려견에 대한 새로운 소식이 신문 방송에서 하루가 멀다고 보도된다. 얼마 전에는 개 장례식장이 생겼다는 소식이 들리더니 엊그제는 유모차보다 개모차가 더 많이 팔렸다고 한다. 그것도 가격이 유모차보다 비싸다는 말에 고개를 저을 수밖에 없었다.

어제 TV를 보다 내 눈을 의심했다. 모 사찰에서 개 법회가 열렸다는 소식과 함께 견주들이 법복을 입은 반려견과 함께 부처님 앞에 나란히 앉아 있었다. 난 넋두리를 뱉었다.

"세상 참 많이 변했네."

개가 사람들의 반려동물이 되면서 평균 수명이 많이 늘었다고 한다. 1980년대에는 평균 수명이 10년이었는데 지금은 18년이라고 한다. 약 40년 사이에 평균 수명이 거의 두 배 가까이 늘어난 셈이다. 그래서인지 요즈음 애견 메디컬센터가 성업 중이라는 소식도 들린다. 1회 비용이 100만 원이 넘는 퇴행성 관절염의 줄기세포 치료는 물론이고, 중환자실까지 운영, 입원 중인 개들이 적지 않다고 한다.

병원에 입원한 반려견의 보호자인 견주들이 웹캠(WEB CAMERA)으로 24시간 개의 상태를 확인하다 개가 찬 기저귀가 불룩하면 기저귀를 갈아달라는 전화를 한다고 한다. 그뿐만 아니라 애완견의 치매와 우울증 약 처방이 늘어나고 엊그제는 '반려견에 대한 건강보험법'을 만든다는 소식까지 들렸다.

산책길에서 만나는 두 팀의 모습이 머릿속을 덧칠했다.

아침에 꼭 만나게 되는 개와 모녀다. 중년의 여성과 이십 대로 보이는 젊은 여자는 번갈아 가며 개모차를 밀고 개모차를 탄 견공은 눈을 껌벅이며 두리번거렸다. 그들의 산책 코스가 나와 비슷해 자주 쉼터 의자에서 만난다. 쉼터에 오면 모녀와 견공은 기계처럼 행동했다. 한사람이 견공을 안으면 다른 이는 개모차에서 두툼한 방석을 꺼내 의자에 깔고 물병과 컵을 꺼내 물을 따랐다. 그리고 견공을 정성껏 방석 위에 내려놓고 물컵을 입 앞에 가져다 대면 견공은 물을 몇 모금 마시고 바로 방석에 배를 깔고 누웠다. 그러면 모녀는 개의 양옆에 앉아 엄마는 머리를, 딸은 몸을 쓰다듬었다. 어느 날이었다. 그런 그들을 의아한 눈으로 쳐다보자 나의 눈짓을 의식한 엄마가 말했다.

"나이가 13살인데다 아파요." 그러고 보니 견공은 단 한 번의 애교도 없었다. 나는 마지못해 고개를 끄떡였다.

산책길에서 가끔 만나는 또 다른 팀이다. 처음 만나던 날 너무 생소해 기억이 깊이 새겨진 팀이다. 그늘막이 있는 하얀 쌍둥이 유모차를 머리가 긴 젊은 여인이 밀며 저만치 앞에서 천천히 오고 있었다. 한 눈에도 유모차가 고급스러워 보였다. 얼굴, 헤어스타일, 의상 등 멋을 낸 여자는 이십 대 중반으로 보였다. 유모차를 탄 아이들이 하얀 모자를 쓰고 있었다. 일란성일까, 이란성일까, 궁금했다. 지척이 되자 나는 눈을 의심했다. 유모차 색상과 똑같은 하얀 강아지 두 마리가 구슬 같은 까만 눈망울로 가까이 다가서는 나를 빤히 쳐다보며 귀를 쫑긋거렸다. 분명히 아이로 보였는데! 기분이 묘했다. 나도 모르게 신음 섞인 한숨이 나왔다.

얼마 전 통계에 따르면 우리나라 노인 자살률이 OECD 국가 중에서 단연 1위라고 한다, 또 중병인데도 돈 때문에 제때 치료를 받지 못하는 노인층이 늘어난다는 소식도 들렸다. 거기에 요양원의 이런저런 좋지 않은 소문을 들을 때마다 개에 대한 소식이 이어지니 기분이 묘했다.

조만간 우리나라는 개 고령화의 진통을 겪게 될 것이라고 전문가들이 진단했다. 오늘 신문에 야생 개가 급격히 늘어나 가축과 사람에게까지 해를 입힌다는 소식이 실렸다. 제주도 한라산에서 서식하는 야생 개 개체수를 조사해 보니 약 2,000마리나 된다고 한다. 그

숫자보다도 더 놀라운 것은 상당수가 제주도로 여행 온 여행객이 버리고 간 개들이라는 사실이었다. 버리는 사연을 읽다 얼굴이 찡그려졌다. 개의 먹이와 질병 치료비의 증가로 인한 경제적인 이유가 대부분이라고 한다.

반려견과 버려지는 개, 그리고 노인들의 통계, 우리 사회의 이중적인 세태가 이해되지 않았다. 가슴이 답답해지는 아침이었다.

산사랑 그 시작은

봄방학을 맞아 우리 집에 온 손녀 둘이 이틀째 TV와 게임에 빠져 있었다. 아침 밥상 앞에서 오늘 무엇으로 그들의 지루한 일상을 바꿔 주어야 하나 고민했다. 때마침 햇살이 봄기운을 느낄 만큼 따뜻했다. 마뜩잖아하는 손녀를 설득해 산에 오르기로 했다. 산길을 걸으며 새로운 학년에 대한 그들 나름의 계획도 들어보고 내가 해줄 말을 찾기로 했다. 아내가 싸준 김밥과 음료수를 챙겨 집을 나섰다.

해발 구백 고지의 '취성산'은 7부 능선까지 차도가 있다. 차를 세우고 완만한 등산로를 이십 분쯤 걷자, 오솔길 양쪽으로 나목들이 의장대처럼 빽빽이 늘어서 우릴 귀빈처럼 사열해 주었다. 억새 군락지에 도착했다. 억새들은 추운 겨울을 견디느라 빼빼 마른 몸에 키가 절반이나 줄었지만 훌훌 털어버린 머리 위로 햇살이 춤을 추고 병풍처럼 둘러싼 소나무들이 산의 정취를 느끼게 하는 데 부족함이 없었다.

산 정상 헬기장에 도착했다. 두 손녀는 저 멀리 겹겹이 이어진 산등선을 바라보며 환한 표정이었다. 우린 정오의 햇볕이 온돌방처럼 데워주는 억새 군락지 가장자리에 자리를 잡고 김밥을 풀었다. 그때였다. "따다…따다…" 요란한 소리에 고개를 들었다. 서쪽 산 능선 위로 헬리콥터가 나타났고 빨간 통을 매달고 있었다. 우린 눈으로 빨간 통을 따라갔다.

"아…아… 저기." 손녀가 손짓하는 곳은 남쪽 건너다보이는 비슬산 중턱이었다. 검은 연기가 피어오르는 그 아래에 활활 타오르는 불꽃이 가로로 길게 선을 긋고 있었다. 잠시 후 또 한 대의 소방 헬기가 산을 넘어왔다. 아마도 산 너머 저수지에서 물을 퍼오는 것이 분명했다. 피어오르는 까만 버섯구름을 바라보다 문득 잊고 지내던 산불에 대한 아찔한 기억이 떠올랐다.

겨울이 꼬리를 내리는 2월이었다. 대구에서 경부고속도로를 이용부산으로 가는 중이었다. 돌풍이 불어 자동차가 몇 차례 휘청거렸다. 영천을 지나자 멀리 능선 위로 검은 연기가 피어오르고 있었다. 산불임을 직감할 수 있었다.

곡선을 몇 차례 돌아가자 고속도로가 인접한 산에서 버섯 모양의 연기가 피어오르고 있었다. 속력을 줄이며 산모롱이를 돌아가자, 고속도로에 접한 소나무 군락지에서 푸른 연기와 불꽃 방망이가 도깨

비춤을 추고 있었다. 연기가 자욱한 고속도로엔 자동차들이 꼬리에 꼬리를 물고 느리게 움직이고 있어 멈출 수가 없었다. 오직 앞차 꽁무니를 따라갈 수밖에 없었다. 얼마를 전진하자 한 무리의 폭풍이 몰아치는가 싶더니 도로 양옆 소나무들이 일제히 불꽃 방망이를 휘두르자, 불꽃이 분수처럼 치솟았다.

때마침 터널이 나왔다. 터널 안에서 안도의 한숨을 쉰 것도 잠시, 터널을 빠져나가자, 산불은 더 극성을 부리고 있었다. 터널 출구의 우측 산언덕은 가파르고 나무는 더 크고 무성했다. 마치 불구덩이에 끊임없이 기름을 끼얹는 형국이었다. 차들이 줄지어 주춤거리는 위로 불덩이들이 연신 점프하듯 고속도로를 횡단하는 모습에 넋을 잃고 있는데 불덩이 두 개가 내 차량 앞 유리를 때리며 스쳐 갔다. 간담이 서늘했다. 가슴 졸이다 간신히 그곳을 벗어날 수 있었다.

우리는 산불에서 눈을 떼지 못했다. 소방헬기가 분주히 오갔지만 불은 구부 능선에서 검푸른 연기로 버섯구름을 만들다 기어이 1,064m의 비슬산 정상을 넘어가고 있었다. 간간이 들려오는 장끼의 긴장된 울음이 우리에게 산불을 조심하라는 경고처럼 들렸다.

두 손녀와 나는 곤충과 동물들이 어디로 피신했는지, 또 어디에서 추운 겨울을 견뎌야 하는지 안위를 걱정하며 표어 하나를 만들었다.

'산사랑 그 시작은, 산불 예방입니다.'

3부

비에 젖다

◆비에 젖다

◆세상이 미웠다

◆지정석, 그 이름

◆삶의 양념

◆꿈꾼 세상

◆일상에서 보지 못한 가치

◆손자와 노인

◆손녀의 대학입시

◆건강보험

◆누운 주름꽃

비에 젖다

신천 둔치를 걷다 비를 만났다. 정자에 앉아 허공을 가르며 뛰어내리는 빗줄기에 젖어들었다. 앞서거니 뒤서거니 아래로 내려오며 구름이, 바람이 가르쳐 준 소리만큼만 소곤거리며 바닥에 내리자마자 길 나서는 모습이 한결같았다.

누가 먼저랄 것도 없이 순하디순한 몸짓으로 서로의 어깨를 도닥이며 아래로 내려갔다. 가다가 언덕을 만나면 서로서로 등 떠밀어 넘어가고 넘을 수 없는 높은 곳은 미련 없이 돌아서 갔다. 그 몸짓엔 군더더기가 없었다. 앞에 선 친구가 이끄는 대로 순응할 뿐 그 누구 하나 툭 불거지지 않았다. 그래서 움직이는 몸짓이 하나같이 가벼웠다.

길을 가면서도 뛰어내리는 친구를 간단없이 안아 앞세우는데 주저함이 없었다. 배려와 순응만 있을 뿐 거부란 없었다. 해서 그들의 몸짓은 더할 것도 뺄 것도 없는 결국 하나이며 궁극이 없는 늘 시작이었다.

비가 가슴을 촉촉이 적시자, 오래전 직장 생활을 할 때 비에 흠뻑 젖었던 기억이 새삼 떠올랐다.

초겨울비가 추적추적 내리는 날이었다. 통근 버스의 짝꿍이 퇴근 버스를 같이 타고 가자고 몇 번이나 권했지만 혼자 걷고 싶어 핑계를 댔다. 정문이 아닌 뒷문을 나서자 가로등 불빛이 가늘린 빗줄기로 어스름을 매질하고 있었다.

"내년에는 안 되겠어요."

작년과 똑같은 말을 녹음기처럼 내뱉던 인사 담당자의 얼굴이 빗줄기를 뿌리는 가로등 불빛 사이로 일렁거렸다. 얼굴에 떨어지는 빗방울이 차가웠다. 그런데도 왠지 흠뻑 젖고 싶었다.

얼마를 걸었을까. 흠씬 젖은 내 모습을 보여주기가 싫어 불빛이 희미한 가로수 밑을 천천히 걷는데 저만치 앞에 한 노인이 폐지를 한가득 실은 손수레를 끌고 있었다. 그것도 차들이 씽씽 달리는 차도 가장자리를 느리게 움직이고 있었다. 우리 동네에 있는 고물 수집상은 어둠이 내리면 문을 닫는다. 그렇다면 저 노인은 고물상이 아닌 집으로 가고 있는 것이 분명했다. 집은 얼마나 더 가야 하는 걸까. 노인의 걸음에 보조를 맞추며 생각이 깊어졌다.

얼마 전 읽은 글이 떠올랐다. '지행상방 분복하비志行上方 分福下批, 뜻과 행실은 나보다 나은 사람과 견주고 분수와 복은 나보다 못한 사람과 비교한다.' 그러고 보니 나는 위를 바라보아야 할 때 아래를 보고 아래를 바라보아야 할 때 위를 보며 지금 비틀거리고 있는 것 같았다.

심호흡을 몇 번 했다. 누가 뭐라 해도 난 번듯한 직장에서 월급을 받으며 살고 있지 않은가. 그런데 진급에서 두 번 낙방했다고, 예상하지 못한 사람이 진급했다고, 자책하고 회사를 원망하고 있었다. 중학생인 남매의 웃는 얼굴이, 엊그제 잠자리에서 두 아이의 학원비가 많다며 걱정하던 아내 얼굴이 더해졌다. 가족의 소중함과 삶의 무게를 동시에 일깨워주는 가장이라는 이름표가 붙은 가슴을 지그시 눌렀다. 명찰은 많은 괴로움과 걱정을 안겨 주지만, 동시에 삶에 대한 강한 애착과 보람을 주는 것도 사실이었다. 나는 지금 아래를 봐야 할 시점에 고개를 빳빳하게 들고 별을 바라보는 형국이었다.

노인을 몇 번이나 곁눈질했다. 그는 비도 어둠도 아랑곳하지 않고 폐지가 한가득 실린 손수레를 끄는 데 집중하고 있었다. 평소 '삶은 결과보다는 과정이 중요하다.'라고 생각해오지 않았던가! 그렇다면 저 노인이야말로 지금, 삶의 가시덤불을, 최선을 다해 헤쳐나가고 있는 존재가 아니겠는가. 어느 사찰의 입간판 글이 떠올랐다.

'전쟁에서 백만 대군을 물리친 것보다 나를 이기는 것이 더 큰 승리다.'

나는 삶의 성공 실패를 따지는 결론보다는 순간순간 힘든 삶의 시간을 이겨나가는 것이 더 중요하다는 걸 가슴 정중앙에 새기기로 했다. 입술을 깨물며 내가 나에게 귀띔했다. '진급 좀 늦으며 어때, 오늘 비를 흠뻑 맞으며 나의 강단을 키우자.' 좀 전까지 어슬어슬했지만 이

내 허벅지에 힘이 생기고 견딜 만했다. 마음이 평온해졌다. 가족을 위해 나를 위해, 지금의 이 순간을 잘 견디기로 했다. '욕심을 머리 위에 두면 늘 부족하지만, 배꼽 아래에 두면 늘 남는다.'라고 하지 않던가.

우산 없이 비 속을 한 시간 반이나 걸었다. 저만치 버스 정류장이 보였다. 버스에 올라 자리에 앉지 못하고 서서 비 내리는 창밖을 내다보는데 노인의 손수레를 밀어주지 못한 것이 못내 아쉬웠다.

세상이 미웠다

산길을 걷는데 엊그제 일이 거머리처럼 달라붙어 피를 빨았다. 바닥이 쩍쩍 갈라진 논처럼 목이 탔다. 세상이 얄미웠다.

푸른 녹음도, 이끼 낀 돌도, 싸리꽃도, 닭의장풀 보라색 꽃도, 저마다 뽐내는 모습이 눈에 거슬리기만 했다. 보이는 모두는 볼썽사납고, 들리는 소리 모두는 소음이었다. 한적한 숲길 평 바위에 앉아 눈을 감았다. 엊그제 일이 생생하게 재생됐다.

서늘하게 웃는 망자의 얼굴을 향불의 푸른 연기가 쓰다듬고 쓰다듬었다. 가슴이 저려 밖으로 나갔다. 장례식장의 긴 복도 양쪽에 검은 옷을 입은 사람들이 무심히 오가는데 문 앞에 줄 서 있는 조화들은 쓴웃음을 짓고 있었다. 눈 둘 곳이 없어 밖으로 나갔다. 나무 의자에 엉덩이를 내려놓고 하늘을 올려다보는데, 아린 기억의 영상이 돌아갔다.

막냇동생이 인천에 있는 대학교에 들어갔다. 입학할 때 등록금은 내가 책임지겠다고 큰소리쳤지만, 나는 등록금을 두 번밖에 대주지 못했다. 부산에서 먼 그곳에 홀로 올라가 건설 노동으로 잠자리와 끼니를 해결하며 공부하다가 힘에 부쳐 휴학하고 군복무를 했다. 군 복무 후 그는 심기일전 등록금은 학자금 대출로, 숙식은 아르바이트로 해결하며 대학을 졸업하고 대기업에 취직했다. 그리고 결혼하고 남매를 키웠다. 남매가 학교를 마치고 지들 앞가림을 시작한 지 얼마 되지 않은 시기에 몹쓸 병을 얻었다.

나는 대구에, 그는 서울에 살고 있었다. 전화로 "힘내라."라고 하면 "괜찮으니 걱정하지 마세요."라고 녹음테이프를 트는 것처럼 답은 매번 똑같았다.

그의 집에서 한번 만나자고 사정을 했다. 하지만 자신의 세세한 모습을 보여주기가 싫어서인지 단호하게 거절했다. 그를 겨우 설득해서 서울 잠실 운동장 인근 찻집에서 만나기로 했다. 지팡이를 짚고 지하철 계단을 힘겹게 올라오는 동생을 나는 똑바로 바라보지 못했다.

운명하기 며칠 전 통화에서도 그는 대답했다. "걱정하지 마세요." 그 전화가 마지막이 될 줄이야. 생이 이렇게 허무할 수가 있단 말인가. 그를 경기도 화성에 있는 함백산 추모 공원에 두고 돌아서는 내가 미웠다.

"세상이 얄궂어도 너무 얄궂어."

내 넋두리를 들었는지 까마귀가 "까…악, 까…악" 내 머리를 쥐어

박는 듯 울어댔다. 나는 한탄했다.

"도대체 누가, 생과 죽음을 하나라고 했는가."

지정석, 그 이름

서울에 살고 있는 초등학교 5학년인 손자가 방학을 맞아 대구 우리 집으로 오겠다고 했다. 손자는 방학 다음 날 열차를 이용 동대구역에 도착했다. 손자는 연전에 보던 모습과는 달랐다. 일 년 새에 훌쩍 커버린 키에, 내 손을 꼭 잡고 발걸음을 맞추는 모습이 의젓했다. 오랜만에 잡아보는 손자의 손이 따뜻하고 듬직했다.

마트로 가 이것저것 간식거리를 권했으나 고개를 저었다. 장난감 매장에서 로버트 장난감 하나를 들고 활짝 웃는 손자의 얼굴을 보자 나도 덩달아 기분이 좋았다.

"배 안 고프니?"

"조금 고파요."

그는 솔직했다. 그래서 더 귀여웠다. 음식 주문판 앞에서 한참을 망설이던 손자가 물었다.

"할아버지는 뭐 좋아하세요."

"음… 돌솥비빔밥"

손자는 돈가스를, 나는 비빔밥을 시켰다. 음식을 기다리는 동안 어릴 적 웃어른들이 나를 놀리며 하던 말이 떠올랐다. 손자의 얼굴을 매만지며 넌지시 물었다.

"할아버지가 좋아, 할머니가 좋아?"

손자는 망설임 없이 답했다.

"다 좋아요."

그리고 잠시 내 얼굴을 쳐다본 손자가 덧붙였다.

"이런 질문이 제일 싫어요."

나는 띵했다. 손자는 내가 생각하는 어린아이가 아니었다.

다음 날 손자가 타 본 적 없다는 지상철을 타고 황금역에서 칠곡 종점까지 왕복하며 대구 시가지를 구경하기로 했다. 나는 손자의 흥미를 끌기 위해 좌석이 있는데도 자리에 앉지 않고 열차 제일 앞쪽 '안전요원 지정석' 옆에 서서 눈앞에 펼쳐지는 도시 풍경을 감상했다.

열차를 운전하는 기관사가 없다는 것과 아파트 단지 옆을 통과할 때마다 차창에 안개가 끼어 전망이 흐려진다는 이유를 설명하자 손자는 신기해하며 기분이 좋은 표정을 지었다. 그러다 열차에 서 있는 사람이 많은데도 그 누구도 앉지 않는 안전요원 좌석과 그 뒤 벽에 쓰여 있는 '안전요원 지정석'이라는 글자를 번갈아 보며 고개를 까우뚱거렸다.

우리는 칠곡 종점에 내리자마자 바로 돌아오는 열차에 올랐다. 올 때처럼 제일 앞쪽 안전요원 지정석 좌석에 붙어 섰다. 손자는 열차가 출발하고 얼마 후부터 바깥 풍경은 안중에도 없는지 연신 비어 있는 좌석과 벽에 쓰여 있는 '안전요원 지정석'을 올려다보다 더는 참을 수가 없다는 듯 물었다.

"할아버지 안전요원 이름이 왜 똑같아요?"

"응…안전요원 이름이?"

아이의 말뜻을 못 알아들어 반문하는 나에게 손자는 안타깝다는 표정을 지으며 말했다.

"좀 전에 탄 열차에도 안전요원 이름이 '지정석'이었는데 이 열차도 안전요원 이름이 '지정석'이네요." 손자가 손짓하는 곳으로 올려다보니 벽에 '안전요원 지정석'이라 큼지막하게 쓰여 있었다. 나는 "아하!" 하며 웃었다. 하지만 손자에게 어떻게 쉽게 설명해야 할지 주춤거렸다. 그때 옆 좌석에 앉아 있던 중년의 남자가 말했다. "오… 너 참 똑똑하구나! 안전요원 이름이 '지정석'인 줄 알았구나! '지정석'은 사람 이름이 아니고 정해 놓은 자리라는 뜻이란다."

그제야 나는 한자를 써 보이며 안전요원만이 앉을 수 있도록 정해 놓은 자리라는 걸 길게 설명했다. 아이가 고개를 끄떡였다.

나는 어른들이 시대에 맞게 이런 용어들을 좀 더 깊이 생각하고 사용했으면 하는 생각에 '안전요원 지정석' 글자를 올려다보며 마음속으로 고쳤다.

'안전요원의 자리'

그리고 우리 손자가 앞으로도 많은 것에 의문을 갖고 그 해답을 찾는 데 적극적이길 빌었다.

삶의 양념

한 해가 저물기 며칠 전, 밤중에 며느리로부터 전화가 왔다. "무슨 일인고?" 긴장이 잔뜩 배인 혼잣말을 뱉으며 급히 전화를 받던 아내가 이내 크게 웃으며 목소리를 높였다.

"그래그래, 정말정말 축하한다."

"(…)"

"야…아, 이보다 더 기쁜 일이 어디 있노." 큰 웃음과 함께 통화는 삼십여 분이나 이어졌다. 아들이 승진한 것이었다. 나 또한 기쁘기 한량없었다.

나의 직장 시절의 기억이 주마등처럼 스쳐 갔다. 연말 승진 철이 되면 사내가 어수선했다. 나는 잔뜩 기대한 승진에서 두 번이나 쓴잔을 마셨다. 이를 경험한 아내로선 아들의 승진 소식이 오죽 기쁘랴

싫었다. 전화기를 놓는 아내에게 한마디 던졌다.

"강 여사님, 잘 좀 봐주세요."

"아들이 내 마음을 청정 지역으로 만들어 주네."

며칠 후였다. 아들의 전화를 받으며 아내는 방방거렸다. 부모님과 조카들에게 밥을 사기 위해 토요일에 서울에서 대구로 내려오겠다며 마땅한 식당에 예약을 해두라는 내용이었다. 그날부터 음식은 뭐로 할 것이며, 식당은 어디로, 가격대는 어느 수준으로 할 것인지 등에 대해 아내와 딸과 아들이 삼각편대로 전화를 주고받길 사흘째 되는 날이었다.

딸과의 전화 내용이 처음부터 심상찮았다. 어제까지 하하, 호호하던 아내의 목소리가 완전히 달랐다.

"그기 아니고… 나는… 애들이 대게를 좋아하니까."

"(…)"

"그래 그렇게 해도 되지만."

"(…)"

"화낼 일이 아니고."

"(…)"

한참 동안 같은 말을 되풀이하던 강 여사가 전화를 끊고 넋두리를 뱉었다.

"아이고 성질머리 하구는. 내가 지를 얼마나 아끼는데. 딸년이 청정 지역에 돌을 던지네." 며칠 동안 아내가 청정 지역이라는 새로운 용어를 자주 사용하면서 '딸과의 사이가 전에 없이 나근나근하는가 싶었는데 며칠이 안 가네.'하는 생각에 나는 피식 웃으며 능쳤다.

"명동에서 뺨 맞고 한강에서 눈물 흘리네."

평소 같으면 비웃는 거냐며 투덜거릴 상황인데 신천 산책에 동행을 요구했다. 나이 들어갈수록 부부가 서로에게 기대어 살아가는 것이 최고라는 지인의 말이 떠올랐다. 아내에게 지금 꼭 필요한 것은 마음의 거름망이라는 생각에 기꺼이 거름망이 되어주기로 했다. 아내는 평소와 달리 신발을 세 번이나 바꿔 신었다. 신천을 한참 걷던 아내가 마음이 풀렸는지 뜬금없이 말했다.

"딸이 얼마 전 사다 준 신발이 참 편안하네." 그러면서 바닥을 몇 번이나 툭툭 찼다. 그러고 보니 신발을 어느 것을 신을지 많은 생각을 한 것 같았다.

나는 둑길을 걸으며 생각했다. 엄마와 딸과의 다툼도, 아들이 우리 가족에게 주는 기쁨도, 모두 삶의 양념이라고.

꿈꾼 세상

“참 시끄러웠던 올 한 해도 가네.”

“건강했으니 됐지, 뭐.”

달력을 바꿔 걸며 뱉은 넋두리를 아내가 받았다.

연초 계획을 세워 책상머리에 붙여 놓은 계획표를 읽으며 올해를 마무리하려 했지만, 마음과는 달리 정치판의 오물 영상이 머릿속을 헤집었다.

여의도 돔구장에서 벌이는 싸움이 국민 편 가르기로 확대되고 날마다가 아닌 시간 단위로 지지고 볶는다. 거기에 온갖 매체와 시민단체들이 저마다의 이익을 위해 대변자 역할을 하는 장면들이 신문과 TV 화면을 도배한다. 신물이 나다 못해 구토하는 사람이 늘어난다는데도 정치하는 사람들은 아랑곳하지 않고 허세를 부린다. 해서

TV 뉴스와 정치 좌담을 피해 채널을 돌리다, 요즘은 아예 TV와 담을 쌓고 지냈다.

그런데 지인들 모임에서 이런저런 정치판 이야기를 길게 들은 날이었다. 세상사를 원망하고, 걱정하다, 밤이 이슥해서야 잠이 들었다. 그런데 여태까지 꾸었던 잡다한 꿈들과는 다른 꿈을 꾸었다. 꿈이 선명했다.

"당신 오늘 젊어 보이네!" 아침 침대에서 아내의 말이었다. 아내 얼굴을 보니 결혼할 때 그때 그 얼굴이었다.

조간신문을 펼쳤다. 우리나라 내로라하는 기업 인사 담당자들이 조를 짜 전국 대학교 졸업 현장을 순회하며 구인 홍보에 열을 올리고 있다는 소식이었다. 우리나라 젊은이들이 일자리를 구하기 위해 이력서를 들고 동분서주하던 일은 이젠 호랑이 담배 피우던 옛적 이야기가 되었다는 부언 설명도 있었다.

오전 10시 도서관에 글공부하러 갔다.

"그 작품 참 좋네요!"

글공부를 함께하는 회원들로부터 연이어 인사를 받았다.

오후, 휴게실에서 모락모락 피어오르는 커피 향기에 취하는데 폰이 울렸다.

"000 선생님 맞으세요?"

"네 제가 000입니다."

“선생님 축하합니다. 이번 00문학상에 당선되셨습니다. 좋은 작품 응모해 주셔서 감사드립니다.” 옆에서 듣고 있던 문우들의 박수 소리가 요란했다.

세밀 번화가를 걸었다. 화려한 백화점 입구 자선냄비 앞에 사람들이 줄 서 있었다. 끝이 보이지 않았다. 내 차례가 되려면 한밤중이 되어야 할 것 같았다.

“우리나라 좋은 나라야.”라며 혼잣말을 되뇌며 순서를 기다리는데 호수의 아침 물안개처럼 아련히 들려오는 소리.

“당신 안 일어나요. 아침밥 안 먹을 거예요?”

일상에서 보지 못한 가치

아침 식탁에서 신문 칼럼 한 편을 촘촘히 읽었다.

'워싱턴 DC 지하철 랑팡역에서 청바지와 티셔츠 차림에 야구 모자를 눌러쓴 청년이 낡은 바이올린을 꺼내 연주를 시작했다. 연주를 시작한 지 6분 후에 한 사람이 벽에 기대어 음악을 듣기 시작했다. 43분 연주하는 동안, 일곱 명이 일 분 동안 멈추어 서서 연주를 들었고, 스물일곱 명이 바이올린 상자에 돈을 넣었다. 그렇게 모인 돈은 32달러 17센트였다.'

다음 날 워싱턴 포스트 신문을 보고 많은 사람이 입을 다물지 못했다고 한다. 역에서 바이올린을 연주한 청년은 미국인이 가장 좋아하는 세계적인 바이올리니스트 '조슈아 벨'이었으며 역에서 연주한 그 바이올린 가격은 자그마치 350만 달러였다고 한다.

'스트라디바라우스'를 43분 동안 연주하는 동안 현장을 오간 사람

중 1,070명은 단 1초도 그를 쳐다보지 않았고 음악 소리를 듣는 척조차 하지 않았다고 한다.

이 기사를 쓴 기자는 현대인들은 일상에 쫓겨 주변에 존재하는 가치를 알아보지 못하는 사회현상을 안타까워했다.

세상에서 가장 재능 있는 음악가가 바로 앞에서 연주하고 있는데도 아무도 눈치채지 못한 것은, 우리의 일상이 내가 보고 싶은 것에만 집중한 나머지, 그 이면에 있는 수많은 보람과 즐거움을 놓치며 살고 있다는 증거가 아닐까.

우리는 세상을 살아가면서 아름다운 것이 어떤 것인지, 어떻게 사는 것이 잘사는 것인지, 늘 의문을 던진다. 하지만 이처럼 미처 보지 못하는 것 속에 더 많은 삶의 진가가 들어 있음을 다시 한번 깨닫게 해준 칼럼이었다.

손자와 노인

지인과 식당에 앉아 주문한 음식이 나오기를 기다리다 벽에 붙은 TV에 눈이 갔다. 팔십 대 노인이 여덟 살 손자와 단둘이 셋방에서 사는 모습이 귀와 눈을 끌어당겼다.

“지병으로 손자를 돌보기가 힘이 들어 보육원에 맡겼더니 아이가 너무 울어 굶어도 같이 굶자는 생각으로 다시 데려왔다.”라며 노인은 눈물을 훔치며 말했다. 화면을 주시하던 지인이 막걸리 한 잔을 단숨에 들이켜곤 어릴 적 아픈 추억을 꺼냈다.

아버지가 일찍 돌아가시자, 엄마는 먹고살기 위해 여섯 살 외아들인 자신을 큰집에 맡기고 떠돌이 행상에 나서 짧게는 일주일 길게는 한 달에 한 번씩 집에 왔다.

큰집엔 두 형이 있었다. 어느 날 저녁밥을 먹을 때였다. 상 저쪽에 있는 생선 반찬을 먹고 싶어 엉덩이를 들고 젓가락을 가져가자, 순간 큰집 형이 숟가락으로 머리를 때리며 말했다.

"넌 저거 먹어." 그가 움찔하자, 큰어머니는 그 반찬을 그의 손이 닿지 않는 곳으로 저만치 옮겨놓았다. 며칠이 지난 어느 날, 할아버지가 조용히 그를 불렀다. 할아버지는 그의 손을 꼭 잡고 아카시꽃이 흐드러지게 핀 산 고개를 넘어 큰고모 집으로 갔다. 고모는 할아버지가 갖고 간 쌀로 이밥을 해 점심과 저녁 두 끼를 고기반찬으로 배불리 먹게 했다. 그날 밥숟가락 위에 고기반찬을 얹어주며 자신을 넌지시 바라보던 할아버지의 눈빛이 오랜 세월이 흐른 지금도 선하다며 눈시울을 붉힌 그가 덧붙였다. 당시 독상을 받은 할아버지가 마루 저쪽에서 밥을 먹다 큰어머니와 형들로부터 구박받는 것을 보고 가엾게 여겨, 미리 쌀을 준비 고모 집으로 간 것을 어른이 되어서야 알게 되었다고.

지인의 말을 듣는 내내, 어쩜 이리도 나와 닮았을까 하는 생각에 어린 시절 기억이 스멀스멀 기어 나왔다. 나도 아버지를 일찍 여의었다. 청상과부인 엄마는 산비탈 밭에서 호미 하나로 아침부터 저녁까지 흙과 씨름을 했다. 이틀에 한 번씩 채소 광주리를 이고 산 고개를 넘어 읍내 십 리 장터로 오갔지만, 우리 사 형제는 굶는 끼니가 다반사였다. 엄마는 운명에 맞섰다. 부산으로 이주하면서 초등학교 오 학년이었던 나를 졸업 때까지 큰집에 맡겼다. 큰집 생활은 모든 것이

긴장의 연속이었다. 특이 큰집 형들과 밥을 먹을 땐 내 밥그릇 앞에 있는 반찬 한 가지에만 그것도 조심조심 젓가락질했다.

지인과 나는 밥을 먹는 내내 말이 없었지만, TV 속 노인과 손자에게 복이 빨리 도래하길 마음속으로 빌고 빌었다.

손녀의 대학입시

언젠가부터 우리 부부는 대학 입학에 관한 뉴스나 신문 기사에 신경을 곤두세우기 시작했다. 자식인 남매가 같은 해에 대학에 들어갈 때도 이런 열정은 없었다. 그런데 외손녀가 재수하는 지난 1년은 길고도 지루했다.

수능일, 우리 두 사람은 "사랑은 내리사랑이라더니 그 말이 맞네." 라며 아침부터 어두워질 때까지 두문불출 가슴 졸였다. 지난해 일이 반복해 재생되는 긴 하루였다.

큰손녀가 수능을 망쳤다고 울고불고 재수하겠다고 고집을 부렸다. 그때 나는 딸과 사위 편을 들어 극구 반대했다. 평소 끈기가 부족하다고 느꼈기 때문이었다. 그런데 손녀 편에 서서 재수해야 한다고 목소리를 높인건 아내였다. 손녀와 할머니가 똘똘 뭉쳐 워낙 강하게 나와 세 사람은 한발 물러섰다. 자식 이기는 부모 없다는 걸 실감하는 순간이었다.

우리 부부는 나이 먹어갈수록 세월이 빠르다고 생각했는데 재수하는 1년은 그 반대였다. 손녀는 설상가상으로 신경성 대장염까지 얻어 화장실을 자주 가야 했다. 우리 부부는 애가 탔다.

날이 어두워지자 기다리다 지친 아내가 딸에게 전화를 걸었다. 손녀가 시험을 잘못 쳤다며 제 방에서 나오지 않는다는 대답이었다. 가슴이 철렁했다.

"자식들은 이런 일 없이 가고 싶은 곳 술술 들어갔는데."

아내가 넋두리를 뱉었다.

날이 바뀌자, 방송에서 어느 대학 어느 과는 수능점수 몇 점 이상이어야 하고 내신성적도 몇 등급 이상이어야 한다며 하루 종일 경쟁을 부추기고 있었다.

마음 졸이며 기다린 성적표를 받는 날, 결과는 반전이었다. 예상보다 좋은 점수였다. 그런데 손녀는 크게 좋아하지 않았다. 뒤에 알았다. 작년 점수와의 비교에 매달린 어른과는 달리 손녀는 더 높은 점수를 목표로 삼았다는 걸.

나는 손녀가 자신이 나아갈 목표를 세우고 그 목표를 향해 후회 없는 대학 생활을 하길 간절히 빌었다.

건강 보험

'젊어서 체력 운동을 열심히 하는 것이 건강 보험에 가입하는 것보다 훨씬 낫다.'는 말이 요즈음 유행이다.'

나이 먹어갈수록 그 말이 삶의 진리처럼 느껴진다. 그 누구도 시간을 이길 수는 없다. 나이와 시간은 한통속이므로 힘겨루기는 불가능하다. 그러므로 건강을 지키기 위해선 젊었을 때부터 자기 건강관리를 실천하는 것이 최선책이라 여겨진다.

가만히 생각해보니 살아오면서 건강관리에 무딘 편이었다. 그러다 오십 중반이 되어 간염으로 두 번이나 병원에 입원하면서 건강이 인생에서 가장 중요한 요소라는 걸 깨달았다. 그때 병실 천장에, 건강관리에 소홀했던 반성문을 수없이 썼다.

그 이후로 나름 걷는 운동을 꾸준히 해오다 작년 봄부터 맨발 걷기를 시작했다. 시작하면서 스스로에게 최면을 걸었다. '나의 일과 중에서 가장 중요한 일이다.'라고. 육 개월이 지나고 효과를 살펴보니 누 가지 변화가 분명했다.

첫째는 숙면이었다. 그동안은 쉽게 잠들지 못해 뒤척거리고, 잠이 들어도 깊이 잠들지 못해 잡다한 꿈을 꾸곤 했다. 그런데 시간이 지날수록 잠자리에 드는 시간이 예전보다 빠르고, 무엇보다도 숙면으로 아침에 일어나면 전에 없이 개운하다는 느낌이 들었다.

두 번째는 주위 사람들로부터 얼굴 혈색이 좋아졌다는 말을 자주 듣는다. 가만히 생각해 보니 전에 없이 입맛이 좋고 소화가 잘되는 것을 느낀다. 해서 요즘 지인들에게 맨발 걷기가 삶의 질을 높여준다며 맨발 걷기 홍보대사를 자처한다.

이에 보답이라도 하듯 아내가 지난가을 간절곶에서 열흘간 모래사장 걷기를 실천했다. 평소 잠자리가 바뀌면 며칠간은 잠을 설치는데 그곳에선 첫날부터 아침까지 깊은 잠을 자고, 밥맛도 있다며 맨발 걷기 자랑에 입에 침이 마를 지경이었다. 그리고 강조했다. 모래사장이 있는 바닷가에 달방을 얻어 가을을 보내자고.

명절에 집에 온 오십을 바라보는 아들딸에게 맨발 걷기의 예를 들면서 간곡히 말했다. 젊을 때, 힘이 있을 때, 체력을 향상해 그것을 계속 유지하는 노력을 기울이라고, 그것이 바로 노후를 위한 보험 중의 보험이라고, 그러니 운동은 취미를 넘어 일처럼 부지런해야 한다며 운동에 시간과 경제적인 투자를 아끼지 말라고 당부했다. 하지만 남매는 고개를 크게 끄떡이지 않았다. 경험에서 나온 나의 간절한 마음을 다 읽지 못하는 것 같아 아쉬웠다.

누운주름꽃

새마을 금고 건물 뒤 주차장에 차를 세우고 저만치 걸어가다 나도 모르게 걸음을 멈추었다. 정화조 쇠뚜껑에 난쟁이 여린 풀이 청보라 꽃송이 두 개를 달고 바람의 구애에 몸을 비비 꼬며 수줍게 웃고 있었다. 사막보다 더 황량한 저곳에서 꽃을 피우다니! 유심히 살폈다.

정화조의 쇠뚜껑 틈새에 뿌리를 내리고 그 틈새로 몸을 내밀어 꽃을 피운 것이었다. 뚜껑에 'KS'라는 국가가 인정해 주는 택호宅號가 선명했다. 그의 이름이 궁금했다. 폰으로 사진을 찍어 검색했다. '누운주름꽃'이었다. 그러고 보니 여린 잎 바탕에 대각선으로 주름이 새겨져 있었다. 언젠가부터 철鐵이 인간 생활에 가장 핵심적인 물질로 그래서 인간과 친밀감을 느끼고 있다고 생각했지만, 식물과 동행하고 있는 모습을 보는 것은 처음이었다.

예부터 생물은 산수의 지형을 따져 볕이 잘 들고 물이 있는 곳에 터를 잡았다. 그런데 어찌하여 그 좋은 들판을 놓아두고 오물 냄새를 향수처럼 맡아야 하는 이곳에 터를 잡았을까. 생각이 나래를 폈다.

그는 탐험가 기질을 타고나 바람 비행기를 타고 미지의 세계를 찾아가다 이곳에 불시착했으리라. 그리고 이 험한 곳에서 기지와 끈기를 발휘, 날리는 먼지 모래를 모아 흙을 만들고, 흘러드는 빗물을 받아 마시고, 건물 사이를 비집고 스며드는 오후 햇살을 삭혀 고귀한 생의 근원을 온새미로 지켜냈으리라.

그때 주차장에 들어오는 검은 승용차가 사막의 모래폭풍 같은 먼지바람을 일으켰다. 주름꽃은 딱정벌레처럼 납작 엎드렸다가 오뚝이처럼 일어서기를 몇 번 반복하더니 이내 방긋방긋 웃었다. 저 강인함은 어디에서 오는 걸까? 주름꽃의 생의 원천은 적응과 인내가 아닐까.

다행이었다. 주름꽃의 집이 있는 정화조 뚜껑은 ㄱ자 콘크리트 벽과 오십 센티미터 정도의 간격이라 차량 바퀴가 닿을 수 없는 위치였다.

해맑은 꽃과 눈을 맞추며 생각했다. 이 주름꽃의 2세들은 하나같이 탐험가 기질을 타고나 언제가 미지의 세상을 찾아 떠날 것이라고. 그리고 그들은 출생지를 철로 지은 집 그것도 정부가 보증한 KS라고 기억하고 있으리라.

4부

가을에 넘기는 추억의 책장

◆꽁초 무덤
◆가을에 넘기는 추억의 책장
◆붉은 찔레꽃
◆인생 트랙
◆참 보통 일이 아니네
◆진정한 벗
◆나쁜 채무자
◆햇살 동굴
◆책의 임무
◆빙수

꽁초 무덤

지구에 생명이 탄생하고, 수많은 종이 나타나고 사라지는 진화의 과정이 38억 년이나 되었다고 한다.

사람은 약 30만 년 전에 나타난 동물의 한 종으로 그동안에 다른 생명체들과는 달리 진화를 거듭해 문명사회를 건설했고 지금은 지구를 넘어 우주로 나아가고 있는 시대다.

대부분의 진화는 문명 발달에 기여하고 있지만, 백해무익인 진화도 있는 듯하다. 그 대표적인 예가 담배인 것 같다. 담배의 역사는 1492년 콜럼버스가 발견한 '신기한 잎'에서 시작되어 18세기에는 코담배, 19세기에는 시가, 20세기 이후엔 담배 제조 기술의 발달로 흡연자가 급증했다고 한다. 그러다 담배가 사람에게 치명적인 해를 입힌다는 사실이 과학적으로 증명되자, 언젠가부터 우리나라 담뱃갑에 '암을 유발한다'는 경구가 새겨지기 시작했다. 그럼에도 담배 소비가 줄지 않고 특히 여성 흡연자가 늘고 있다는 소식에 평생 담배를 피우지 않은 나는 고개를 저었다. 그런데 그 담배의 잔재인 꽁초가 도시의 구석구석을 점령하더니 산을 위협하는 현장을 목격했다.

산 중턱에 서서 멀리 첩첩이 이어지는 산릉선 위로 피어오르는 흰 구름을 바라보며 심호흡하는데 저만치 너럭바위가 손짓했다. 나는 바위로 가서 엉덩이를 내려놓을 자리를 찾다 멈칫했다. 바위 주위에 담배꽁초가 널브러져 있었다.

"아니, 꽁초가 이곳까지… 참 큰일이네." 혼잣말을 하며 돌아서려다 주춤했다. 확 트인 전경이 너무 좋아 발이 쉬 떨어지지 않았다. 펑퍼짐한 곳을 골라 앉았다. 그런데 바위 틈새에도 꽁초들이 마치 숨바꼭질이라도 하듯 몸을 숨기고 있었다. 꽁초들을 무시하고 눈을 감고 산새노래를 귀에 담으려 했지만, 꽁초들의 이지러진 모습이 물결처럼 일렁거렸다. 꽁초들을 어떻게 해야 할지 머릿속이 복잡했다.

얼마 전 읽은 신문 칼럼이 떠올랐다. 우리나라에서 한 해 버려지는 꽁초가 320억 개라는 숫자에 입이 벌어졌다.

몇 해 전, 일본을 잘 아는 지인에게 들은 얘기다. 일본은 길거리 어디에서도 꽁초나 쓰레기를 볼 수가 없다는 것이다. 그 후 일본 여행 중 나는 의식적으로 주위를 살폈다. 시가지는 물론이고 한적한 골목을 지나는데도 꽁초는 물론이고 휴지 하나 발견하지 못했다. 운하

유람선을 타기 위해 선착장에서 기다리는 동안 매표소 인근에 있는 화장실을 오가며 의도적으로 주위를 자세히 살폈다. 잔디밭과 계단식 화단 어디에도 담배꽁초는 물론이고 사탕 종이 하나 발견하지 못했다. 이러는 나에게 보여 주기라도 하듯 자라 등처럼 납작한 배가 운하를 거슬러 올라오고 있었다. 그런데 배 간판 양쪽에 긴 막대 갈고리를 든 남자 둘이 수면을 응시하고 있었다. 쓰레기를 건져내는 배라고 했다.

이런 생각들이 꼬리를 물자, 가을 소풍을 온 기념으로 꽁초들을 포로로 붙잡아 산 아래로 데리고 가야겠다는 생각이 들었다. 주위에 흩어져 있는 꽁초를 끌어모았다. 숫자를 셌다. 자그마치 열여섯 개였다. 이들을 어떻게 산 아래로 가져가야 하나 잠시 생각하다 빙그레 웃었다.

나에겐 12척의 배가 아닌 아직 물이 반이나 남아 있긴 해도 물병이 있지 않은가. 물을 벌컥벌컥 마셨다. 포로들을 물병에 넣다 문득 생각했다. 이곳에서 담배를 피우는 사람에게 메시지를 전할 수 없을까?

나는 몸매가 살아있는 꽁초 세 개를 남겼다. 그리고 바위에 앉으면 가장 잘 보이는 곳에 작은 돌멩이로 한 뼘 높이의 돌무덤을 만들었다. 돌무덤 상단에 가운데가 움푹 파인 돌을 놓고 그 위에 꽁초 세 개를 얹었다. 그리고 빌었다.

담배를 피운 누군가가 꽁초를 버리려다 꽁초가 얹혀 있는 돌무덤을 보고 잠시 고개를 갸우뚱하기를, 그러다 이내 꽁초가 산을 더럽힐 뿐만 아니라 산불을 낼 수도 있다는 내 작은 메시지를 떠올려주길.

가을에 넘기는 추억의 책장

어스름이 내린 냇둑을 걷는데, 저무는 가을이 아쉬운지 풀벌레 노래가 애절하게 들려왔다. 쉼터 의자에 앉아 귀 기울이는데, 오래된 추억 하나가 살금살금 걸어왔다.

세월이 덧없이 많이 흘렀는데도 미소를 머금은 앳된 얼굴, 고운 목소리가 그때 그대로였다. 첫사랑이라는 이름의 곡두가 저만치에서 그리운 추억의 책장을 펼쳤다.

그녀와 나는 손을 잡고 고즈넉한 고찰의 담장 길을 걸었다. 노란 은행잎이 흐느적거리며 돌담 기와지붕에 내려앉을 때마다 그녀의 따뜻한 손에서 심장 소리가 들리는 듯했다. 은행나무에 등을 기대자 우릴 시샘이라도 하듯 달빛이 단풍 창문을 열고 살짝살짝 미소를 머금고 귀뚜라미는 애잔한 노래로 우리의 마음을 북돋아주었다. 시간이 많이 흐르고서야 대웅전 처마 끝 풍경이 외우는 불경 소리가 아련히 들려왔다. 그런 그녀가, 다음 가을이 오기 전 홀연히 떠나버렸다.

그녀가 첫사랑이라는 이름의 책을 내 가슴에 넣어둔 것을 중년이 되어서야 알았다. 그런데 나이를 먹어 갈수록 그 책을 자주 꺼내 책장을 넘기곤 한다.

둑 너머 대숲을 지나온 가을바람이 쓰는 실물결 편지를 읽는데 저만치에서 미소를 머금은 그녀가 물버들나무 아래에서 손짓하고 있었다. 내 마음이 물 위로 성큼성큼 걸어가 그녀의 뽀얀 얼굴을 만지려 하자 그녀는 물속으로 잠겼다 나오기를 반복하며 잡힐 듯 잡히지 않았다. 이런 나를 유심히 바라보던 억새는 하얀 머리를 흔들었고 실물결은 둑을 찰싹거리며 지나갔다.

그녀와 나, 물리적인 시간이 덧없이 흘러 어느덧 육십 년이 되었다. 이토록 많은 세월이 흐르는 동안 그리운 마음이 세월의 비바람에 꺾이고 힘겨운 삶의 무게에 잊히리라 생각했지만, 날이 갈수록 더 애틋하고 더 아릿하게 느껴짐은 이 무슨 심사일까요.

붉은 찔레꽃

산 정상에서 일몰을 찍기 위해 카메라를 들고 집을 나섰다.

'최정산' 중턱에 있는 정자 앞에 차를 세우고 등산로로 접어들었다. 약 5분쯤 걷다 나는 멈칫 멈칫거렸다. 숲길 양쪽에 하얀 찔레꽃이 줄지어 피어 있는데 흰색과 연분홍 꽃 사이에 붉은 꽃이 있었다. 어릴 적 등하굣길인 산길에서 찔레꽃을 따 먹을 때도 온통 흰 꽃이었다. 노랫말에 해당화를 잘못 보고 '찔레꽃 붉게' 핀다고 했다는 글을 읽은 기억이 더해졌다. 붉은 꽃으로 다가갔다. 이리저리 살펴도 붉은 꽃이 분명했다. 해서 옆에 있는 흰 꽃나무의 줄기와 잎을 비교했다. 조금도 다르지 않았다. 꽃 색깔만 다를 뿐이었다. 나는 여태 듣도 보도 못한 붉은 찔레꽃을 조심스레 매만지며 사진을 찍었다. 집으로 와 인터넷으로 검색했지만, 붉은 찔레꽃에 대한 정보는 찾을 수가 없었다.

의문이 생겼다. 3일 후 다시 그곳으로 갔다. 며칠 전 봤던 붉은 꽃

나무와 주위의 찔레꽃 나무들을 세세히 비교 확인했다. 평소 흰 꽃이 라고 생각한 꽃은 두 가지 분홍색으로 분류할 수 있었다. 꽃잎의 색이 분홍색이라는 걸 1~2M의 거리에서도 쉽게 확인할 수 있는 종과 코앞까지 다가가야 봉우리와 꽃잎이 분홍임을 확인할 수 있는 아주 엷은 분홍 꽃이 주류를 이루고 있었다. 꽃잎이 완전 백색인 것은 의외로 드물었다. 붉은 찔레꽃 나무는 한 그루밖에 없었다. 주위의 꽃 색깔과는 비교가 안 될 만큼 붉어, 특별했다.

나는 붉은 찔레꽃 사진과 위치를 알 수 있는 상세한 글을 내 카페에 올렸다. 평소 하루에 다섯 명 미만이던 방문자가, 이후 일주일간 이백 명이 넘게 카페를 찾아 주었다. 나는 신이 났다. 일주일에 한 번 정도 열어보던 카페를 하루에도 몇 번씩 들여다보며 야생화 사진과 글을 올렸다. 그런데 보름이 지나자, 카페를 찾아주는 이가 없었다. 그러고 까마득하게 잊고 지냈다.

그해 가을이었다. 나는 흰머리를 풀고 만추를 노래하며 훌라춤을 추는 억새를 카메라에 담고 싶어 집을 나섰다. 찔레꽃 군락지에서 그리 멀지 않은 억새 군락지로 가기 위해 붉은 찔레꽃이 있는 등산로로 접어들었다. 잠시 후 나는 오만상을 찡그리며 고개를 흔들었다. 찔레꽃 군락지에 찔레꽃 나무는 한그루도 없었다. 크고 작은 구덩이가 마치 강력한 폭탄 파편이 휩쓸고 간 것 같았다. 내 글 탓이 분명했다.

카페 글을 이런 식으로 공유하다니…. 난 탄식하며 붉은 찔레꽃 장소를 세세하게 올린 것을 후회하고 또 후회했다.

인생 트랙

부산 D대학 병원에 입원한 지인을 병문안 간 날이었다. 대구로 돌아오기 위해 병원에서 인근 지하철역까지 운행하는 셔틀버스 운전석 뒷좌석에 앉았다. 승객은 나 혼자였다. 서먹서먹함을 메우기 위해 뜻 없이 물었다.

“지하철역까지 얼마나 걸리나요?”

“7분요.”

“하루에 몇 차례 왕복하나요.”

“하루 38회 왕복합니다.” 차창 밖의 풍경을 무심히 보고 있던 나는 38회라는 숫자가 쉽게 와닿지 않아 고개를 돌려 그의 뒷모습을 빤히 쳐다봤다. 버스가 사거리 신호등 앞에 정차하는가 싶더니 입맛을 몇 번 다신 그가 하소연이라도 하듯 이야기를 늘어놓았다.

“이 일을 시작하고 처음 며칠간은 짧은 구간이라 여유도 있었는데,

열흘이 지나자 똑같은 코스를 출발하면 도착, 도착하면 출발해야 하는 것이 서서히 스트레스로 다가오더니 날이 갈수록 그 강도가 심해져 6개월이 지난 지금은 머리도 빙빙 도는 것 같아요."

중년의 남자가 버스 핸들을 잡고 바로 뒷좌석에 앉은 나에게 뱉어내는 넋두리에 나는 뚜렷한 위로의 말을 찾지 못하고 고개만 끄떡였다.

"힘내세요."

버스에서 내리면서 겨우 찾아낸 말이었다. 따지고 보면 생명이 있는 모두는 삶 자체가 하루하루라는 쳇바퀴를 도는 것에 다름이 없었다. 다만 그 하루를 스물네 시간으로 다시 쪼개면 똑같이 반복되는 일상은 흔치 않으리라. 그런데 근무시간 10시간에 똑같은 코스를 38번 왕복한다는 건 그것도 안전 운행이라는 명제가 육체와 정신을 이중적으로 압박하고, 가족을 부양해야 하는 가장의 무게까지 더해진다면 스트레스의 강도는 감내하기가 힘들 것이라는 생각에 마음이 무거웠다.

삶이란 시간을 옷감 짜듯 촘촘히 짜야 한다고, 그래야 짠 시간만큼 보람을 느낀다고 했다. 그런데 그는 그 누구보다 시간을 촘촘하게 사용하지만, 보람을 느끼기보다 고통스러워하고 있다.

생각해 보니 삶이란 시간을 세밀하게 나누어 사용하는 것도 중요하지만 그 나눈 시간에 얼마만큼 보람을 느끼느냐가 더 중요한 것 같았다.

집으로 오는 내내 그의 말이 가슴을 찡하게 했다.

"내 머리도 빙빙 도는 것 같아요."

참 보통 일이 아니네

모 방송국 뉴스 말미에 앵커가 전했다. 부산에 있는 한 수녀원에서 수녀님들이 화가 많이 났을 때 어떤 말을 하는지 설문 조사를 했더니 가장 많이 사용한 말이 '보통 일이 아니네.'였다고 했다. 듣고 보니 내가 오늘 아침 산책길에서 넋두리로 뱉은 말이었다.

이른 아침 신천의 물소리를 벗 삼아 냇둑을 천천히 걸으며 신선한 공기를 폐부 깊숙이 들여 마셨다. 용두보 인근 공용 화장실 앞을 지나다 걸음을 멈추었다. 그곳은 오래된 화장실을 철거하고 새로 신축한 화장실로 최근에 문을 연 곳이었다. 그 화장실은 다른 곳과는 달리 보행로에 붙어 있어 산책하는 사람들이 바로 이용할 수 있는 곳이었다. 그런데 입구에 엊그제까지 보지 못한 검갈색의 나무통이 서 있었다. 가슴높이쯤 되는 그 통은 우편함을 쏙 빼닮았다. 통 안에 흰 비닐봉지가 가득하고 통 아래 잔디밭에 검은 비닐봉지 두 개가 흩어져 있었다. 우편함이 없을 땐 주위가 깨끗했는데, 하는 생각에 자세히 살폈다. 통에 강아지 그림이 그려져 있고 그림 아래 '애완견 분 수거통'이라고 쓰여 있었다. 그러고 보니 통이 작아 채 담기지 못한 비닐봉지가 잔디밭에 흩어져 있는 것이었다.

"참 보통 일이 아니네."

나 자신도 모르게 넋두리를 했다. 그리고 머릿속이 회전했다. 아침 약 두 시간의 산책길에서 수십 마리의 애완견을 목격하는데 '이런 작은 수거통'을 설치해 놓다니…. 상쾌하던 아침 기분이 싸해지면서 지난해 가을 산행에서의 일이 떠올랐다.

팔백오십 고지의 산 능선이었다. 인근에 꽤 넓은 억새 군락지가 있어 가을에 찾는 사람이 많은 곳이었다. 능선 등산로 가장자리에 정자가 있었다. 정자가 설치되고 상당 기간 쓰레기통이 없었다. 오랜만에 찾은 정자 옆에 언제 설치했는지 스테인리스로 만든 큰 쓰레기통이 놓여 있었다. 그런데 온갖 쓰레기가 통을 넘치다 못해, 정자 주위는 물론이고 산을 점령할 것처럼 사방에 널브러져 있었다. 악취까지 풍겼다. 쓰레기통이 없을 땐 주위가 그렇게 더럽지는 않았는데 쓰레기통이 놓이면서 생긴 잔혹상이 분명했다.

"참 보통 일이 아니네."

혼잣말을 되뇌다 마음속 말을 뱉었다.

"해당 지자체에 전화해야겠다."

그날이 마침 휴일이라 내일 담당 공무원에게 전화해야겠다고 벼르는 나에게 아내가 말했다.

"쓰레기를 아무 데나 버리는 사람이 더 나쁜 거예요. 나라에서 국민 편의를 위해 이 산중에 쓰레기통을 설치해 주었는데 산을 이용하는 사람들이 상식에 맞게 사용해야지, 공무원이 무슨 잘못이 있어요."

맞는 말이었다. 공중도덕을 지키지 않은 이용자들의 잘못을 애먼 공무원에게 책임을 떠넘기는 일이라며 아내가 쐐기를 박았다.

"그런 열정을 가정일에 사용하세요." 이 산중에 와서 아내의 지청구가 달갑지 않았지만 흠잡을 수 없는 말이었다.

며칠 전 지인들의 모임에서의 일이 겹쳤다. 나이 들어가면서 아내 이야기를 잘 들어야 가정이 화평하고, 잘 새겨듣는 남자가 행복한 남자라며, 입을 모으고 있었다. 그때 입 밖으로 툭 튀어나온 말도 "참 보통 일이 아니네."였다.

그러고 보니 "참 보통 일이 아니네."라는 말은 수녀님들이 자신의 마음에 갈등이 일어나거나 화가 났을 때 사용하는 절제된 말인데, 나는 어처구니없는 일을 목격했을 때나 의외의 말을 들었을 때 툭 내뱉는 넋두리였다. 같은 말임에도 수녀님과 나는 문안과 문밖처럼 달리 사용하고 있었다.

'참 보통 일이 아니네.'

말의 의미가 새삼 무겁게 다가왔다.

진정한 벗

서산마루에 앉아 노을 거울에, 살아오면서 만난 많은 인연을 비춰 보니 가장 소중한 인연은 격의 없는 친구였다. 어릴 적에는 부모가 고난의 지지대와 견인차 구실을 해주었지만, 성인이 되어 홀로 걸어가야 하는 인생길에서 삶의 길잡이 일 순위는 단연 진정한 벗이었다.

예부터 전해져 내려오는 말이 있다.

"진정한 벗 셋만 있으며 세상은 살 만 하다."

지금 생각해보니 삶의 진리였다. 인생길에서 끊임없이 생기는 시련 앞에서 주저 없이 의논하고 위안을 얻을 수 있는 친구야말로 삶의 귀하디귀한 존재가 아닐 수 없었다.

인간관계는 서로 관심을 가지면 인연이 되고 공을 들이면 필연이 된다고 했다. 그 필연이 진정한 벗이 아닐까. 진정한 벗은 그저 얻어지는 것이 아니라 서로 마음의 문을 열고, 상대를 거리낌이 없이 받아들여야 한다.

살다 보면 누구나 말할 수 없는 고민이 생기게 마련이다. 고민은 시간이 갈수록 가슴속 응어리가 되어 삶을 좀 먹는다. 이럴 때 응어리를 확 토해내고 싶지만, 아무에게나 말할 수가 없다. 더욱이 성인이 되어 생긴 고민은 부모 형제에게도 쉽게 말할 수 없는 것들이 대부분이다. 이럴 때 허심탄회하게 터놓고 상의할 수 있는 친구야말로 진정한 벗이다.

얼마 전, 어느 강연장에서 강사가 질문을 던졌다.

"여러분은 진정한 친구가 몇이나 됩니까?"

손으로 꼽아 보라는 강사의 말에 나는 엄지 다음 검지를 꼽고 중지를 곰지락거리다 포기했다.

강연 내내 엄지를 꼬부린 친구를 생각했다. 그와 나는 신문 보급소에서 신문 배달원으로 만나 삼십 년 넘게 친하게 지냈다. 그러나 그는 부산에서, 나는 대구에서 생활하다 보니 만나는 횟수는 일 년에 한두 차례뿐이었다. 하지만 늘 서로 애틋한 감정을 갖고 삶의 애환들을 기탄없이 주고받으며 서로 인생 지지대였다. 그런 그가 몇 년 전에 몹쓸 병으로 이 세상을 하직했다. 회한悔恨에 덧없는 세월을 원망하고 원망했다.

검지인 친구와 나는 육십 년 지기다. 하지만 그는 부산에서 나는 대구에서 살다 보니 중년까지는 일 년에 두어 차례 만났지만, 나이를 먹어갈수록 그마저 쉽지 않았다. 이래저래 만나지 못한 지가 오 년이 훌쩍 넘었다. 더욱이 그는 몇 년 전부터 다리, 허리가 고장 나 거동이 불편하다. 대구에서 고속열차를 이용하면 한 시간도 채 걸리지 않는 거리인데 무심히 세월을 흘려보냈다. 지난 명절 때 그가 전화로 하소연했다.

"인마, 우리 죽기 전에 한번 만나자."

그런데 망구望九의 문턱을 넘어서니 대구에서 부산으로의 하루 나들이가 전에 없이 큰 용기가 필요하다는 걸 뼈저리게 느꼈다. 누군가 말했다. 좋은 우정도, 인연은 10%이고 노력이 90%라고. 나는 좋은 벗에 대한 노력이 함량 미달임을 자인하지 않을 수 없었다. 그의 얼굴을 떠올리며 몇 번이나 허공에 반성문을 썼다.

'친구야 미안하다. 우짜든동 건강해라.'

나쁜 채무자

이사 준비를 하다 서랍에서 증명사진 크기의 어머니 사진을 발견했다. 사진을 찬찬히 들여다보는데 수액이 다 빠져나가 창백했던 병실에서의 어머니 모습이 아리게 재생됐다.

나는 얼굴을 찌푸리고 중환자실 문을 밀고 어기적어기적 병상으로 다가갔다. 그리고 꼬챙이 같은 손을 잡자, 자식의 온기를 느낀 어머니가 신음 섞인 넋두리를 했다.

"잘 먹이지도 못한 자식들 고생시키네."

며칠 후 담당의의 호출을 받았다. 의사는 나를 외면한 채 띄엄띄엄 말했다. "마음의 준비를…." 순간 몇만 볼트의 전기가 머리끝에서 발끝까지 쫙 흘렀다. 그러다 정신이 혼미해져 멍하게 천장을 올려다봤다.

병원 비상계단에서 머리를 쥐어짜는데 온통 세상이 뒤바뀌는 것 같았다. 바뀌는 세상을 보고 싶었다. 옥상으로 올라가 하늘을 올려다 봤다. 흰 구름은 어제와 똑같이 파란 하늘을 유영하고 있었다. 아래를 내려다봤다. 자동차들은 변함없이 빌딩 숲 사이를 바삐 오가고, 꽃도, 나무도, 그 자리 그대로였다. 오직 나만 망망대해에서 폭풍우를 만나 난파된 목선의 돛대를 붙잡고 한줄기 등대 불빛을 갈망하는 신세였다.

눈을 감았다. 어머니 기록 영상이 돌아갔다. 삼십 대에 홀로되어 유복자까지 사 형제를 키워야 했던 질곡의 세월이 어머니 몸을 야금 야금 갉아 먹어, 허리는 낙타 등처럼 굽어 신음을 들어야 펴졌다. 웃음 한 번 만들지 못한 얼굴엔 주름이 소나무 등걸처럼 패였다. 손등은 거북이 등을 닮았고, 손가락 끝은 모지랑숟가락을 닮아 뭉툭했다. 그 어머니가 이 세상에서 숨 쉬는 것마저 끝이란다.

어릴 적 아린 기억 한 토막이 파도처럼 밀려들었다. 내 나이 열네 살이었다. 진눈깨비가 뿌리는 날 저녁이었다. 나는 동생을 앞세우고 난전으로 갔다. 엄마는 채소를 담은 작은 함지박을 좁은 계단에 놓고 쪼그리고 앉아 계단을 오르내리는 사람들의 발길에 애원의 눈길을 주고 있었다. 우리는 엄마의 등 뒤에서 쌀 봉지를 쥐여주길 기약 없이 기다렸다. 그러다 깻잎 세 묶음을 건네고 돈을 받을 때 엄마 머리와 어깨가 들썩거렸다. 그 순간 우리도 힘이 났다. 하지만 어스름이 내리도록 엄마의 채소는 더 이상 돈과 바꾸지 못했다.

엄마는 위 계단에 앉아 있는 할머니를 곁눈질하다가 신음 휘파람으로 새우등을 펴고 할머니에게로 다가갔다. 돈을 빌려달라는 엄마의 얼굴은 금방이라도 눈물을 떨굴 것 같았다. 할머니는 우리를 애잔하게 바라보면서 속바지 주머니에서 돈을 꺼내 폈다. 하지만 어머니 돈을 합쳐도 쌀 반 되 값이 되지 않았다. 엄마는 계단 아래 쌀집에서 산 쌀 봉지를 건네며 말했다.

"어서 가서 동생들 밥해 먹이고 재워라."

밥을 했다. 우리 형제들 밥그릇을 채우자, 솥엔 더는 밥이 남아 있지 않았다. 우린 밥그릇을 다 비웠다. 그리고 구들목에 다리를 모으고 잠이 들었다.

철이 들어서야 알게 되었다. 그날 저녁 엄마는 밥 한술도 뜨지 못하고 황소바람 드나드는 문지방에서 얇은 이부자리 하나로 코를 골았다는 걸.

그렇게 고난의 삶을 산 어머니가 꽃피는 사월 어느 날, 하늘나라로 올라가셨다. 향불 연기가 영정사진을 어루만지다 나를 나무라고 나무랐다.

"너는 원금 한 푼 갚지 않은 나쁜 채무자."

햇살 동굴

"아니 귀신이 곡할 노릇이네."

이른 아침 신천을 산책하다 냇물에 정좌하고 있는 바위 하단에 난데없는 동굴을 발견하고 나온 말이었다. 지난 사 년간 시도 때도 없이 산책하면서 눈에 익었는데, 그리고 얼마 전에는 그 바위에 앉아 쉬고 있는 백로를 지척에서 사진 촬영까지 했는데, 그때도 보지 못한 동굴을 오늘 아침에야 발견하다니 믿기지 않았다. 걸음을 멈추고 눈을 크게 떴다. 수면에 접해 있는 부분에 구멍이 뻥 뚫려 그 안으로 들어간 햇살이 빵긋 웃고 있었다. 꿈인가? 사방을 두리번거리다 손을 꼬집어도 봤다. 분명 생시였다. 밤새 저곳에서 도대체 무슨 일이 벌어진 걸까? 천천히 다가갔다. 거리가 가까워졌다. 난 멋쩍은 웃음을 흘리며 고개를 끄떡였다.

아침 햇살, 물안개, 바위, 수면이 만든 작품이었다. 까만 큰 바위

앞에 마치 엄마 품에 안긴 아이처럼 붙어 있는 허연 바위가 햇살의 굴절로 거울이 된 수면에 동굴로 비친 것이었다.

자연의 위대함을 다시 한번 실감한 아침이었다.

책의 임무

버릴 책을 고르기 위해 책장을 정리하다 책에 대한 기억이 떠올랐다.

부산 판자촌에서 살 때였다. 초등학교 졸업 후 가정형편으로 중학교에 가지 못한 나는 매일 아침 막냇동생을 업고 나무 대문 안에서 문틈으로 등교하는 학생들을 내다봤다. 시끌벅적 윗동네에서 내려오는 등교생 무리에 간간이 보이는 중학교 교복을 입은 학생에게서 눈을 떼지 못했다.

그런 탓인지 책에 대한 욕심이 남달랐다. 직장 생활을 할 때였다. 출퇴근 시 딱히 읽지도 않는 책을 꼭 갖고 다녔다. 그러다 어느 순간부터 책을 읽을 때 가장 집중할 수 있는 공간이 화장실이라는 걸 터득하게 되었다. 셋방살이 팔 년 만에 작은 아파트를 장만하자마자 화장실에 책 몇 권을 담을 수 있는 플라스틱 바구니를 두었다.

이때부터 나의 독서 방법이 달라졌다. 그동안은 소제목이 마음에 드는 글을 골라 그것도 건성으로 읽고 책장을 넘겼다. 그런데 필기구를 옆에 두고 정독하다 생소한 단어나 중요하다고 생각되는 문장 아래에 줄을 긋고 아래 모서리를 접었다. 생소한 단어의 뜻을 확인하고 마음에 드는 문장은 한 번 더 읽어 보겠다는 생각이었다. 그러다 보니 다 읽은 책은 모서리가 거의 전부 접히고 그은 줄이 많아 누더기로 변했다.

정독을 하다 보니 책을 어떻게 대하고 어떻게 삶에 녹여낼 것인가를 어렴풋이 알 수 있었다. 그래서 직장동료들 사이에 아이들 교육에 관한 이야기만 나오면 나는 반복해서 강조했다.

"화장실에 책꽂이를 설치해 주세요." 그리고 덧붙였다. "화장실에서의 독서가 머릿속에 속속 잘 들어와요."

이때부터 남의 집을 방문할 때 응접실 책장을 살피는 습관이 생겼다. 어느 직원의 집들이에 갔다. 거실 책장 두 개에 어린이 도서가 가득했다. 그러나 하나같이 아이들 손때가 묻지 않은 출판사에서 나온 그대로였다. 적지 않은 돈을 투자해 아이들 책을 구입했으면 아이들이 충분히 읽고 이용하여 책이 더럽혀져야 책이 제 임무를 다한 것이라는 생각에 안타까웠다.

우리 부부는 외손녀가 어릴 적 딸네 집으로 자주 불려갔다. 거실에 어린이 도서가 진열돼 있었다. 여섯 살, 두 살인 손녀는 때때로 발 디

딜 틈 없이 책을 꺼내 늘어놓기를 좋아했다. 특히 작은손녀는 그림책을 넘기다 책장을 찢을 때가 있었다. 어느 날이었다. 비싼 책을 얌전히 보지 않는다고 작은 손녀를 나무라는 딸에게 나는 쓴소리를 했다.

"애들은 책을 가지고 놀다 낙서도 하고 더럽히기도 하는 것이 정상이다. 책장 속에서 잠을 자는 책은 휴지보다 못해."

나는 책 박스를 손수레에 싣기 위해 낑낑대며 생각했다. 이 책들은 정말 책의 의무를 다한 책들인가?

나는 고개를 저었다.

빙수

신문 칼럼을 읽다 눈을 의심했다. 모 호텔 망고 빙수 가격이 12만 원이라고 했다.

언젠가부터 우리나라에선 비쌀수록 더 잘 팔린다는 말이 유행하더니 세계 유명 브랜드 제품을 사기 위해 밤새워 줄을 선다는 소식이 심심찮게 들렸다. 엊그제는 명품을 사지 못한 사람들이 '명품 브랜드 종이 쇼핑백'을 구매하는 진풍경이 벌어졌다고 한다. 이는 명품을 자주 구매한 사람으로 보이기 위해 외출 시 보조 가방으로 사용한다는 것이다.

한 그릇에 십이만 원이나 하는 빙수를 누가 먹나, 믿기지 않아 글을 정독했다. 글쓴이가 끝에 덧붙였다. 호텔 인기 메뉴로 길게 줄을 서 있어 자신도 놀랐다고.

어릴 적 기억이 겹쳤다. 초등학교를 오가는 길에서 본 빙수 장수였다. 사각 얼음을 얼음 가는 칼날 위에 고정하고 우측에 있는 핸들을 힘주어 돌리면 얼음 뭉치가 돌아가면서 '쓰윽…싸, 쓰윽…싸' 칼날 밑에 받쳐둔 유리그릇에 얼음 가루가 쌓였다. 아이들은 삥 둘러서서 유리그릇에 빙산이 솟아오르는 모습을 구경하는 것만으로도 더위가 가시는 기분이었다. 빙수 장수 아저씨는 솟아오른 얼음 가루 위에 팥죽을 두 숟가락 올려주었다.

구경하던 우리 중에서 빙수를 사 먹는 친구는 매번 정해져 있었다. 나와 한 반인 수철이었다. 그가 팥죽을 얼음 가루에 비벼 한 숟가락을 입에 넣으면 보는 우리는 침을 꿀컥 삼켰다.

그때나 지금이나 빙수를 사 먹는 사람은 정해져 있는 것 같은, 즉 화력貨力의 힘을 생각하니 더 더운 올여름이다.

5부

가장이라는 이름표

가장이라는 이름표

번화가에서 지인을 만나기로 했다. 노란 은행잎이 융단을 깐 사거리 건널목 앞에 서서 끊임없이 밀려오고 밀려가는 사람과 자동차들을 무심히 바라보다 문득 오래전 빌딩 숲속을 헤맨 일이 떠올랐다.

그날 나는 종일 안절부절못하다 점심도 굶은 채 퇴근 통근 버스를 타지 않고 시내버스를 탔다. 버스가 노랗게 물든 은행나무 가로수 길을 빙빙 돌아 불빛이 현란한 번화가로 접어들었다. 심신이 초라해진 나는 이 도시의 제일 화려한 밤거리에 나를 담금질해 보고 싶었다. 극장 앞 정류장에 내렸다. 다른 세상에 온 것 같았다.

방향을 정하지 못해 두리번거리는 것도 잠시 나는 인파에 밀려 무작정 걸으며 아침의 일을 잊으려 애를 썼다. 하지만 네온사인 오색 불빛은 축 처진 어깨와 찌푸린 얼굴에 마구 덧칠을 해대고 자동차들은 나에게 불빛 총을 난사하며 지나갔다. 마치 전쟁에서 패해 퇴각하는 패잔병을 조롱하는 것 같았다. 그때 몇 걸음 앞에서 내 또래의 두 남자가 걸어오면서 파안대소했다. 아마도 낮의 전투에서 승리한 승전담을 주고받는 것 같았다.

그러고 보니 오가는 이 모두 밝은 얼굴이었다. 그곳은 낮의 전투에서 승리한 사람들의 축제장이었다. 빨리 벗어나고 싶었다. 빠른 걸음으로 빌딩 사이로 들어갔다. 빌딩 뒷골목은 좁고 벽은 높았다. 미로 같은 골목 모퉁이를 돌아가자 음침했다. 심호흡하며 바지 지퍼를 내렸다. 오줌을 누며 올려다보니 빌딩 옥상에서 오색 불빛이 축포처럼 터지고 있었다. 미웠다. 오줌 총을 위로 치켜들었다. 하지만 총탄은 키도 넘지 못하고 빌딩 벽을 타고 흘러내렸다.

빌딩 숲을 벗어나자, 삼각형의 공터에 붉은 비닐로 둘러친 포장마차가 어둠을 저만치 밀치고 있었다. 천막 안 백열등이 모락모락 피어오르는 어묵 김으로 비닐 화판에 주모의 모습을 데생하고 있었다. 술을 마시고 싶었다. 비닐을 밀치고 안으로 들어갔다.

"소주 한 병요." 엉덩이를 내려놓는데 내 목소리를 흉내라도 내듯 나무 의자가 '삐꺽 삐꺽' 소리를 냈다. 맥주 한 병이 주량인 내가 소주 석 잔을 거푸 목 안으로 부었다. 점심을 굶은 탓인지 식도를 타고 내리는 소주가 찌릿하게 도랑을 만들었다. 전에 없이 술이 달았다. 소주 반병을 비우자 '나의 인생에 불가능은 없다.'는 근거 없는 자신감이 아지랑이처럼 모락모락 피어올랐다. 소주병을 들어 올리며 넋두리했다. "여기 아니면…" 내일 사표를 낼 것이라 생각하며 입술을 깨문 나를 곁눈질하던 주모가 혼잣말을 뱉었다.

"포장마차를 하면서 알았네요. 빌딩 속이 총 없는 전쟁터라는 걸!"

몇 잔을 더 마셨다. 술이 내 안에서 만드는 작품은 가관이었다. 심장이 벌렁거리고, 가슴이 고무풍선처럼 부풀어 오르다 드디어 일곱 색깔의 무지개를 피워 올렸다. 불안했던 마음이, 무겁던 머리가, 서서히 짐을 내려놓는 것처럼 홀가분해졌다. 모르긴 해도 얼마 남지 않은 정기 인사에서 승진도 가능할 것 같았다. 아니 확신이 들었다.

그러다 눈앞에 안개가 자욱하게 끼더니 사방이 빙글빙글 돌아갔다. 나는 정신을 가다듬으려 애를 쓰다가 까무룩 탁자에 엎드려 잠이 들었다. 시간이 얼마나 흘렀을까? 말소리가 아침 물안개처럼 어렴풋이 들렸다. 눈을 떴다. 한 남자가 게슴츠레한 눈으로 나를 내려다보다 의자에 펄썩 주저앉으며 퉁명스레 말했다.

"소주 한 병 얼마요." 그는 이미 취기가 넘쳐 목소리까지 비틀거리고 있었다. 주모의 대답이 탁자에 닿기도 전에 남자가 넋두리를 뱉었다.

"자…식들 거기 아니면 밥 먹을 데가 없을까." 그를 곁눈질했다. 세상의 온갖 근심 걱정을 다 짊어져 금방이라도 무너져 내릴 것 같은 모래성 같았다. 나이마저 나와 비슷한 또래였다. 그도 오늘 나와

같이 직장이라는 전쟁터에서 무참히 패한 패잔병인 것 같았다. 그를 곁눈질하는데 아침 일이 생생하게 재생됐다.

출근하자마자 부장 책상 앞으로 불려갔다. 부장의 모욕적인 질책이 마을 이장의 안내 방송처럼 반복해 울려 퍼졌다. 직원들이 고개 숙인 사무실은 동굴 안처럼 고요했다. 전화벨도 울리지 않았다. 점심도 거르고 사무실 뒤 등나무 아래에 앉아 하늘을 올려다보는데 며칠 전 일이 떠올랐다.

오 년을 같은 부서에서 근무하다 더 나은 직장이라며 이직을 한 옛 동료가 소주 한잔하자며 연락했다. 얼큰해진 그가 말했다. "이 살벌한 전쟁터에서 하루하루 견디는 최상의 무기는 참을 인忍이다."라고 소주 한 잔을 단숨에 마신 그가 강조했다.

"무기의 명중률을 높이는 건 세 살배기 딸의 웃는 얼굴이야."

헤어질 때 나의 손을 잡고 힘주어 말했다.

"직장을 옮겨보니 도긴개긴이더라."

저만치 멀어져가는 그의 뒷모습이 왠지 짠했다.

술이 확 깼다. 평소 '가장의 지게를 진 이상 나보다 가족을 먼저 생각하자.'라고 다짐하지 않았던가. 아내 얼굴이, 남매 얼굴이, 물결처럼 일렁거렸다. 집으로 가기 위해 건널목을 건너 버스 정류장에 다다르자, 중년의 남자가 손수레에 오이와 가지를 돌탑처럼 무더기무더기 쌓아놓고 작은 목소리로 말했다.

“가지 좀 팔아 주세요.” 남자의 눈과 마주쳤다. 애원의 눈빛이었다. 순간 그도 나처럼 힘든 세파와 싸우는 가장이라는 생각이 들었다. 가지 봉지를 받아 드는데 옹기종기 모여 있던 오이가 “저도요.” 하고 외치는 것 같았다. 오이를 손으로 가리키자 그제야 남자는 주름진 얼굴에 웃음을 만들며 손놀림에 힘이 들어갔다.

버스 차창 밖으로 스쳐 지나는 밤 풍경을 내다보는데 가장이라는 이름표가 함께 달리고 있었다.

외딴집

가을 산에 올랐다가 하산 길이었다. 산 아래 저수지 둑길에서 등 굽은 할머니를 만났다. 무릎을 받치는 지팡이가 돌부리와 실랑이를 할 때마다 할머니는 멈춰 서서 "휴~우" 휘파람을 불었다. 그때마다 산바람이 듬성듬성한 할머니의 곱슬머리를 꼬는 모습이 십오 년 전 산골에서 홀로 지새시던 미수의 어머니를 닮아 있었다.

말을 걸었다. 읍내 약방에 다녀온다는 할머니는 저수지 위 외딴집에 홀로 사신다고 했다. 저수지 둑 너머 저만큼 집이 보였지만 울퉁불퉁 돌들이 솟구친 소로는 할머니에겐 멀기만 했다.

할머니 손에 들린 비닐봉지를 들어주기로 했다. 봉지 안에는 약봉지와 김치 두 쪽과 반찬 몇 가지가 들어 있었다. 약방 안주인이 챙겨 주었다며 고마워했다.

한쪽 어깨가 기울어진 삽짝이 할머니 손을 애틋하게 잡아주었다.

마당 들어서자, 왼쪽 가장자리에 서 있는 감나무 두 그루가 붉은 감을 주렁주렁 매달고 주저앉으려는 싸리나무 울타리를 잡고 있었다. 문이 없는 부엌 앞 장독대에는 항아리 다섯 개가 덩그러니 서 있고 사이사이로 잡풀이 듬성듬성 빈 공간을 메우고 있었다.

마루에 앉자마자 반쯤이나 터진 홍시 세 개를 내어놓으며 오랜만에 이야기 상대를 만난 듯 말을 이었다. 아침밥을 먹자마자 약을 사러 아랫마을 갔다 오는 사이에 짧은 가을볕이 감나무 우듬지에 앉아 있다며 가는 세월이 무심하다며 한숨을 토했다.

"자제분들은 어디 사시나요?"

"젊어 영감 사별하고 사 남매 키웠는데, 지들 앞가림하는데 정신 없지 뭐" 목소리에 힘이 없는 할머니 얼굴에 주름이 깊게 파였다.

"어디에 살고 있나요?"

"각지로 흩어져 저거 살기도 바빠." 할머니 눈에 이슬이 맺혔다.

삽짝을 나섰는데 계곡을 달려 내려온 한 무리의 찬 바람이 겨울 도착 소인이 찍힌 낙엽 엽서를 삽짝 안으로 밀어 넣고 있었다. 돌아봤다. 삽짝 붙잡고 손 흔드는 할머니 모습이 처연凄然했다.

머리 깎는 날

나이를 먹어갈수록 머리 깎으러 낯선 이발관에 가는 일이 망설여진다. 한 달에 한 번쯤 가는 이발관이 집 가까운 곳에 있는데도 굳이 자동차를 타고 주택가 골목에 어렵사리 주차해야 하는 단골 이발소를 찾는다.

가루눈이 내리는 초저녁이었다. 지인과 만나기로 한 식당을 찾아 낯선 골목을 걷다가 골목 중간쯤에서 걸음을 멈추었다. 골목 삼거리 3층 건물 모서리 그것도 건물의 어깨쯤에 삼색 물결 모양의 이발소 원통 간판이 외롭게 돌고, 1층 네 개의 낡은 미닫이문 유리에 삼 개 국어의 간판 글이 눈길을 끌었다.

'〈BEST〉 尹僉知가 머리 깎는 집' 영어는 붉은색으로 써 있어 신기

하기까지 했다. 나는 간판의 글을 중얼거리며 안을 살폈다. 어스름이 내린 뒤라 형광등 불빛이 비치는 유리 안이 선명했다. 하얀 가운을 입은 이발사가 면도하는 뒷모습이 문득 어릴 적 살갑게 머리를 깎아 주던 읍내 수염이 긴 할아버지와 닮아 있었다. 그러고 보니 송판으로 덧댄 미닫이문도 읍내 이발관을 닮은 모습이었다. 어릴 적 주뼛거리며 미닫이문을 밀고 들어가면 이발사 할아버지는 의자 팔걸이에 송판을 얹고 나를 들어 그 위에 앉히고 바리캉으로 머리를 밀었다.

며칠 후였다. 아침부터 거울을 보고 머리를 매만지며 고민에 빠졌다. 이십 년 단골 이발관을 가야 하나, 아니면 며칠 전에 본, 간판이 특이한 이발관에 민머리인 내 머리를 맡겨야 하나 고민 고민하다 커피를 마시며 결정했다. '〈BEST〉 尹僉知가 머리 깎는 집' 삼 개 국어로 된 간판, 그것도 어릴 적 추억 한 토막을 되살려 준 것에 마음이 끌렸다. 돈독하게 마음을 먹고 차에 올라 시동을 걸면서 피식 웃었다. '아니, 머리 깎는 일이 이처럼 망설일 일인가.'

이발관이 있는 골목에 들어서자 왠지 알 수 없는 불안이 밀려왔다. 이발 후 깎은 머리가 마음에 들지 않으면, 나이 많은 이발사가 면도하다 실수라도 하면, 부질없는 생각을 하는데 저만치 이발소를 알리는 원통 물결 간판이 보였다. 그런데 돌아가지 않았다.

나는 걸어가며 원통 간판의 유래를 읽었던 글을 떠올렸다. 원통에 그려진 세 개의 선 중, 흰 선은 붕대, 붉은 선은 동맥, 파란 선은 정맥을 상징하는 것이었다. 이는 중세 유럽에서 외과의사가 이발과 면도를 담당했다는 것을, 그리고 이발사가 입은 흰 가운의 의미를 그때 알았다.

이발소 문 앞에 섰다. 잠시 심호흡을 하고 문을 밀었다. 열리지 않았다. 당겼다. 움직이지 않았다. 한 발짝 뒤로 물러서 살폈다. 그제야 오른쪽 문에 걸린 작은 명패가 보였다. '정기 휴일' 씁쓸했다. 머리를 깎는 일이 무슨 큰일이라도 되는 것처럼 아침 내내 고민하다 용기를 내어 새로운 곳을 선택했는데 그날이 장날이라니.

집으로 오면서 생각했다. 내 삶의 길에서 긴 고민 뒤에 오늘과 같은 싱거운 결과를 맞은 일이 몇 번이나 있었을까.

세상으로 나아가는 발걸음

북한강과 남한강이 만나는 '두물머리'가 세상으로 들어오고, 세상으로 나아가는 문이라는 글을 읽다가 문득 아우라지를 여행한 추억이 떠올랐다.

'아우라지' 강둑 너머에 있는 여관에서 하루를 묵었다. 그때 여관을 운영하는 할머니한테서 들었다. '아우라지'는 암陰水물과 수陽水물이 만나 어우러지는 합류 지점으로 '정선아리랑'의 발상지라는 것이다.

암물은 정선군 태백산에서 발원해 임계를 거쳐 여량으로 흘러드는 골지천骨只川으로, 물살이 느리고 순해 암물이라 하고, 수물은 평창군 발왕산에서 발원하여 노추산과 구절리를 거쳐 흐르는 송천松川으로, 물살이 빠르고 힘차서 수물이라고 한다고 했다.

당시 나는 정자 앞에서 두 강물이 만나 합쳐지는 모습을 오랫동안 바라보았다. 좌측과 우측에서 흘러온 두 강물이 만나자마자 오래전부터 잘 알고 지낸 사이처럼 어깨동무를 하고 경쾌한 노래를 부르고 강폭을 넓히며 힘차게 흘러갔다. 마치 처녀와 총각이 결혼식을 마치고 신혼여행을 떠나는 느낌이었다.

우리네 인간도 삶의 길에서 새로운 인연을 만나면 서로 살갑게 인사를 나누고, 어깨동무하고 함께 노래를 부르며 걸어간다면 삶이 얼마나 정겹고, 찰질까.

정이 없는 사회

편의점의 도시락이 다양해지고 그 도시락 이용자가 폭발적으로 늘고 있다고 한다. 이는 단독 생활자가 급격히 늘어난다는 걸 보여주는 현상이다. 이런 분위기를 반영하듯 요즈음 아파트 이웃 간에 누가 사는지도 모른다는 말에 너나 할 것 없이 고개를 끄떡인다.

얼마 전, 우리 집에서 숙박한 외손녀를 이웃 동네에 사는 딸 집에 데려다주고 올 때였다. 승강기를 타고 지하 2층으로 내려가는데 8층에서 젊은 엄마와 다섯 살쯤 되어 보이는 여자아이가 탔다. 의식적으로 그들을 외면하며 엘리베이터 숫자판만 올려다봤다. 왠지 그냥 있기 민망했다. 곰 인형을 들고 있는 아이에게 눈이 갔다. 귀여워서 아이를 쳐다보며 말을 걸었다.

"너 참 이쁘구나." 그러자 아이가 놀라는 기색으로 얼굴을 엄마의 치마에 파묻었다. 순간 나는 멈칫했다. 엊그제 본 뉴스가 생각났다. 엘리베이터 안에서 노인이 여자 어린애를 예쁘다며 얼굴을 만지다 젊은 엄마로부터 호된 항의를 받았다는 뉴스였다. 다행히 아이 엄마는 별다른 반응이 없이 벽만 주시하고 있었다. 나는 다시 엘리베이터 문 위 바뀌는 숫자를 올려다보며 마음을 졸였다.

주차장을 걷는데 내 어린 시절이 새록새록 떠올랐다. 집집마다 사 형제, 또는 오 형제가 오순도순 컸다. 그러다 보니 이 집 저 집 형 동생들과 어울리며 자연스레 익힌 것이 정을 나누며 사는 방법과 어른에 대한 공경이었다. 저만치 마을 어른이 걸어오면 놀고 있던 아이들이 경쟁이라도 하듯 꾸벅꾸벅 절을 했다. 특히 이웃에 사는 친구의 어머니 아버지 그리고 할머니 할아버지는 다 내 부모 내 조부모였다.

팔십 년 대까지만 하더라도 마을 공터와 골목에는 아이들이 웃고 떠드는 소리가 넘쳤다. 그땐 누구의 가르침도 없이 자연스레 공동체의 덕목인 인사를 몸에 익혔다.

지금은 하나 낳기의 병폐로 또래의 친구들과 친하게 지내는 방법도, 웃어른을 섬기는 걸 보지도, 배우지도 못하고 자란다. 이웃에 누가 사는지 알지도 알려고도 하지 않는다. 그러다 보니 더불어 사는 방법을 모르고 오로지 자신만을 위하는 이기주의가 팽배해져 사회적으로 많은 문제점을 낳고 있다. 여기에 IT의 급속한 발달로 공동체 사회가 무너지면서 점점 삭막해지고 있다. 성장 과정에서 자연스레 익히던 어른에 대한 공경이, 사라져 버린 것이다.

특히 나라의 중심축인 젊은 세대들 사이에서 정이 메말라가고 있어 앞으로가 더 걱정이라고 노인들은 이구동성으로 말한다. 그 말을 들을 때마다 어린 시절이 더 그리워진다.

문자 소동

모든 생명체는 공동체 생활을 해야 더 빨리 발전할 수 있다고 한다. 지적 동물인 인간에게 공동체 생활의 중요성을 굳이 강조해야 할 필요가 있을까. 공동체 생활에서 가장 핵심적인 요소는 소통이다. 소통은 어릴 적부터 또래끼리 부대끼며 몸소 체험하며 얻어지는 것이 가장 효과적이라는데 이론이 없다. 하지만 소통 방식이 중요하다는 걸 깨닫게 해준 일이 있었다.

직장에서 함께 근무하다 퇴직 후 연락 없이 지내던 사람을 지인의 자녀 결혼식장에서 만났다. 서로 전화번호를 알려주며 자주 연락하자고 인사를 건넸다.

그가 다음 날부터 '카톡' 문자를 보내오기 시작했다. 처음 얼마 동안 나는 '고맙다, 좋은 날이 되길 바란다.'라는 답문을 보냈다. 그는 어김없이 아침 여섯 시쯤에 보내는 문자 횟수가 점점 늘어나더니 언젠가부터 하루에 적게는 다섯 개에서, 많게는 열 개가 넘었다.

일곱 시가 넘도록 침대에서 게으름을 피우는 나에게 이른 아침에 "카톡…카톡." 반복되는 문자음은 서서히 고역으로 변해갔다. 때맞춰 아내의 불만이 터졌다.

"어…휴 또 저놈의 소리…."

"(…)"

"그 사람에게 낮에 카톡 보내라고 왜 말을 못 하는지 모르겠어."

그 말에 일면 수긍은 하면서도 보내는 성의에 오해를 살 것 같았다. 무엇보다도 그가 보내는 문자들은 글공부를 취미로 삼은 나에게 선별해서 보낸다는 걸 알 수 있었다.

잠들기 전에 건넛방에 폰을 두기로 했다. 처음 며칠간은 들리듯 말듯 작은 소리라 편안했다. 하지만 그것도 잠시였다. 사람의 심리는 묘했다. 날짜가 더해지면서 들렸다 끊겼다 하는 소리에 귀를 기울이게 되고 귀를 기울이면 기울일수록 "카톡, 카톡." 소리는 점점 선명해지더니 얼마 지나지 않아 마치 초 단위로 깜박거리는 사거리 신호등을 헤는 것처럼 신경이 쓰였다. 날이 갈수록 신경은 더 예민해지고 예민해지는 것만큼 반복되는 소리가 거슬렸다.

궁여지책으로 잠자리에 들 때 폰을 꺼 놓기로 했다. 서서히 평화가 자리를 잡아가는가 싶었다. 그러다 어느 날 같은 도시에 사는 딸이 밤중에 나에게 전화를 했다. 때마침 아내도 전화기를 응접실에 두고 안방에서 잠을 자고 있었다.

물 마시러 나온 내가 아내의 전화를 받자마자 딸은 노인네들이 일반 전화가 없는 상태에서 폰을 꺼 놓는다는 것은 자식들의 걱정을 배가시키는 일이라며 목소리를 높였다.

인간사에서 소통이 가장 중요한 삶의 방식이긴 하지만, 그 소통이 과도하면 당사자에게 불편을 주고, 그 반대인 불통은 가족에게 큰 불안을 주게 된다는 교훈을 얻은 밤이었다.

나는 마지못해 그에게 어설픈 카톡 문자를 보냈다.

"여행을 가게 되었네요. 돌아오면 별도 연락드리겠습니다."

양보의 미덕

아내와 함께 칠성시장에서 김장 장을 보고 돌아오는 길이었다. 칠성시장 고가도로로 진입하기 위해 접근하는데 도로가 온통 주차장이었다. 그곳은 신천대로 중에서도 교통체증이 극심한 곳으로 이름이 나 있었다.

"출근 시간에다 그것도 월요일이네." 아내가 걱정스러운 목소리로 말했다. 진입 차선에서 본 차선으로 끼어들 틈이 없었다. 곤충의 짝짓기처럼 꽁무니를 물고 있는 본선 차 옆으로 바짝 다가가면서 아내와 나는 차창 밖으로 손을 연신 흔들어댔다. 하지만 꼬리를 문 차들은 양보의 기미가 없었다. 몇몇 차들은 끼어들지 말라는 경고성 경음기를 울려대기도 했다. 할 수 없이 진입 차선 끝에 차를 세우고 꼬리를 물고 있는 자동차 중에서 하해河海와 같은 자동차가 나타나 주기를 기다려야 하는 처지였다.

얼마 후였다. 자동차 경적이 연이어 울려 뒤쪽을 돌아다봤다. 차 한 대가 앞차가 움직이는데도 그대로 선 채 손짓을 했다. 내 차가 들어설 수 있는 공간을 확보해 준 것이었다. 이내 뒤쪽의 차들에선 불만의 경적이 요란했다. 나는 재빨리 본선으로 진입했다. 아내는 손을 내밀어 고마움을, 나는 긴급 신호등으로 감사를 표했다. 자동차가 제 속력을 내고 마음이 편안해지자 지난 토요일 일이 생각났다.

붐비기로 유명한 서문시장 앞 육교를 오르기 위해 계단으로 다가갔다. 가히 교통지옥이었다. 등 떠밀려 육교 계단으로 들어섰다. 유독 내가 오르는 줄이 느려도 너무 느렸다. 위를 올려다봤다. 몇 계단 위에 할머니가 한 손엔 지팡이 다른 손으로 계단 난간을 붙잡고 더디게 움직이고 있었다.

그러다 내 줄이 움직이지 않고 서는가 싶더니 이내 다른 줄보다 더 빠르게 움직이기 시작했다. 할머니가 난간에 바짝 붙어 서서 연신 앞서가라는 고갯짓을 하고 있었다. 바쁘게 계단 상단에 올라서는데 다리 난간에 큼지막하게 쓰여 있는 낙서가 눈길을 끌었다.

'평생 밭두렁을 양보해도 논 한 마지기를 넘지 않고, 평생 길을 양보해도 백 보 미만이다.'

나는 뒤돌아서서 할머니를 봤다. 할머니는 난간에 바짝 붙어 서서 미소를 머금고 있었다. 할머니의 한발 물러선 양보가 많은 사람들에게 빠름을 제공하고 있었다. 할머니 머리 위에 햇살이 보석처럼 반짝이는 모습을 보며 생각했다.

이런 좋은 문구를 해당 구청에서 보기 좋게 제작 육교 계단 입구에 붙여 놓으면 좋겠다고.

책임의식의 부재

일출 촬영 장소로 유명한 명선도에서 해돋이 사진을 찍고 들뜬 마음으로 해안 길을 걷기로 했다. 일행 네 명은 얼마를 가지 않아 한 마디씩 했다.

"저 쓰레기 좀 봐."

"고기 잡는 그물을 왜 저곳에 버리지?"

"저 많은 페트병은 누가 버렸을까?"

"저 스티로폼은 양식장에서 버려진 것들이잖아."

그가 가리킨 곳은 해수욕장에서 그리 멀지 않은 곳에 미역 양식장으로 둥근 스티로폼 통들이 일정한 간격으로 바다를 수놓고 있었다. 갯바위를 돌아갈수록 쓰레기들은 더 많았다. 특히 파도가 순하게 밀려드는 모퉁이 안쪽에는 쓰레기처리장을 방불케 했다. 의식적으로 눈을 멀리 수평선에 두려고 했지만, 해안 길이 구불구불 오르고 내리막길이라 자연히 눈을 아래로 둘 수밖에 없었다. 우리는 해안길 걷기에 흥미를 잃고 되돌아오는데, 얼마 전 TV 뉴스가 떠올랐다.

세계 유수 언론이 앞다투어 미담으로 보도한, 일본 선수들 이야기였다. 러시아 월드컵에 참가한 일본 선수들은 시합에 패하고도 라커룸을 깨끗이 청소하고 떠났다는 내용이었다.

엊그제 알려진 사실이다. 월드시리즈 2년 연속 우승이라는 위업을 달성한 미 프로야구 LA다저스의 핵심 선수인 일본 국적의 '오타니'와 '야마모토' 두 선수는 매번 경기가 끝나면 선수 대기실을 깨끗이 청소를 한다는 것이다.

가만히 생각해 보니 작금의 우리 사회는 공동체 사회의 덕목인 책임 의식이 부족하다. 책임은 궁극적으로 나를 위한 것임에도 남의 일처럼 여기며 아무 곳에나 마구 쓰레기를 버린다. 그러다 보면 결국 나도 어느 누군가가 버리고 더럽힌 장소를 찾게 되어 부메랑이 되어 돌아온다는 사실을 되새겨 보아야 하지 않을까. 결국, 쓰레기를 아무데나 버리는 행위는 남을 향한 무책임이 아니라, 나를 향한 무관심이다. 우리가 남긴 흔적은 언젠가 되돌아와 우리 삶의 풍경을 더럽힌다.

공동체는 누군가의 배려로 유지되는 것이 아니라, 모두의 작은 실천으로 지켜지는 것이다. 책임의식은 거창한 윤리가 아니라, 길가에 쓰레기를 줍는 손끝에서 시작된다. 그 작은 손끝이 모여 우리가 다시 걷고 싶은 풍경을 만드는 것이 아닐까.

6부

자심반조

신천의 명물

아파트로 이사한 얼마 후였다. 아침에 눈을 뜨면 '더그럭, 더그럭' 신천 둔치에서 어김없이 들려오는 소리가 있었다. 궁금했다.

일찍 산책에 나섰다. 냇물의 청아한 아침 인사를 받으며 산책길의 반환점인 '가창교' 방향으로 천천히 걸었다. 잠시 후 뒤에서 그 소리가 들렸다. 북쪽에서 남쪽으로 오는 자전거가 내는 소리였다. 지나치는 두 대의 자전거를 유심히 살폈다. 노부부였다.

앞서가는 여자 자전거 뒷바퀴에 어린이용 보조 바퀴가 달려 있었다. 플라스틱의 보조 바퀴가 자전거 바퀴를 숨차게 따라가며 내는 신음이었다. 아마도 자전거 타는데 서툴러 넘어지지 않도록 어린이 자전거 보조 바퀴를 안전장치로 단 것 같았다. 눈비가 내리지 않는 한 '더그럭'거리는 소리로 신천의 아침을 여는 자전거를 나는 '신천의 명물'이라 이름 짓고 며칠간 눈여겨 살폈다.

여자 자전거를 남자 자전거가 경호하는 것처럼 꽁무니를 따라가다 네 곳의 오르막 구간에선 달랐다. 저만치 오르막 구간이 보이면 남자는 여자 자전거를 추월해 오르막 초입에 먼저 도착했다. 그리고 자전거에서 내렸다. 여자의 자전거가 도착하면 오른손으로 자신의 자전거를 끌고 왼손으로 여자 자전거의 꽁무니를 밀며 오르막 구간을 통과할 때까지 뛰었다. 평지에 이르면 다시 자전거에 올라 뒤따라갔다. 나는 남자의 한결같은 배려심이 아내에 대한 애틋한 사랑일 거라는 생각에 더욱더 관심이 갔다. 두 사람이 어디에서 출발하는지는 모르지만, 반환점은 가창교가 확실했다. 그런데 명물에 대한 사람들의 반응은 나와 달랐다.

어느 날, 엷은 물안개가 피어오르고 있는 가창교 인근이었다. 그곳은 자전거전용도로와 보행자도로가 접해 있는 곳으로 직선구간이었다. 때마침 오가는 다른 자전거는 없었다. 그런데 여자 자전거가 텅 비어 있는 자전거도로를 벗어나 보행자도로로 기세 좋게 달리기 시작했다. 그때 저 위쪽에서 보행자도로로 걸어오던 한 남자가 여자의 자전거를 향해 우측에서 좌측으로 연신 손짓했다. 누가 봐도 자전거도로로 이동하라는 손짓이었다. 그런데도 여자 자전거는 막무가내로 직진이었다. 저만치 뒤따르는 남자 자전거는 이런 광경을 아랑곳하지 않고 자신만 자전거전용도로를 유유히 달리고 있었다. 결국 걸어오던 남자가 보행자도로 가장자리로 비켜서며 스쳐 지나는 여자 자전거를 향해 눈살을 찌푸렸다. 그러자 여자는 짜증 섞인 말을 내뱉었다.

"저 위에서 돌아야 하는데…."

보행자 도로 남자는, 자전거는 자전거도로를 이용하라는 뜻인 반면, 반면 여자는 얼마 남지 않은 반환점에서 양 도로를 이용 반원을 그리며 편히 회전하겠다는 고집이었다.

또 다른 어느 날, 전날 비가 내려 징검돌 사이를 흐르는 물소리가 여느 때보다 경쾌한 날이었다. 용두교 인근 넓은 잔디밭 운동기구장에서 사람들이 운동하고 있었다. 그때 가창교 쪽에서 '더그럭 더그럭' 여자의 자전거가 오고 있었다. 사각 철봉 기구에 옹기종기 모여 몸을 풀고 있던 몇몇 여자들 사이에서 누군가가 큰 소리로 말했다.

"아이쿠 저놈의 소리, 아침마다 뭣 하는 건지 모르겠어." 순간 사람들이 지나치는 두 자전거를 유심히 쳐다보고 있었다. 분명 경쾌한 물소리에 반하는 탁한 소리였다. 저 소리를 아침마다 그것도 반복해서 듣는다는 것은 기분 좋은 일이 아니었다.

매일 두 시간가량 자전거를 타는 노부부는 이런저런 불만을 들었을 텐데, 왜 자전거의 보조 바퀴를 고무바퀴로 교체하지 않아 이질적인 소음으로 다른 사람에게 불쾌감을 주는지 알 수가 없었다.

반환점에서의 회전도 문제였다. 자전거 타는 실력이 부족하면 자전거에서 잠시 내려 회전한다면 보행자전용도로를 이용하지 않아도 될 텐데 굳이 쉽게 회전하기 위해 보행자도로를 운행하는 건 걷는 사람들의 따가운 눈총을 받을 수밖에 없는 일이었다. 만에 하나 여자가 자전거 오르내리는 데 불편을 느낀다면 오르막에서처럼 남자가 내려 여자 자전거의 회전을 도우면 될 것을 이 또한 왜 안 하는지 궁금했다.

나는, 하루도 거르지 않고 운동하는 노부부가 이런저런 주위 사람들의 불만을 하루빨리 말끔히 해소해 노부부의 부지런함과 애틋한 배려를 아침마다 선보이는 명실상부한 '신천의 명물'이 되길 바란다.

자심반조自心返照

해질녘 강둑에 앉아 노을에 젖는 강물에 의문을 던졌다. 나는 지금 생의 어디쯤을 걷고 있는가. 그리고 어느 방향으로 가고 있는가.

유유히 흐르는 강물은 대답이 없었다. 실물결 편지를 쓰던 바람이 다가와 귀띔했다. 생의 종착점은 그 누구도 알 수 없고, 거스를 수 없는 생의 시간은 한 번밖에 주어지지 않으니 지금, 이 순간이 가장 중요하다고.

어느 책에서 읽은 이야기다. 이탈리아 영화배우 '안나 마니냐'가 노년이 되어 사진을 찍기 전에 사진사에게 조용히 부탁했다.

"절대로 내 주름살을 수정하지 마세요."

사진사가 이유를 물었다.

"그걸 얻는데, 평생이 걸렸거든요."

나는 그 글을 읽으며 잠시 나를 돌아봤다. 과연 나는 그런 자신감이 내 안에 있는가. "자기 얼굴에 책임을 져야 한다."라는 말의 의미를 새삼 깨닫게 해주었다.

나를 가만히 돌아봤다. 내세울 건 없어도 이 세상에 둘이 아닌 오직 하나만 존재하는 귀하디귀한 존재였다. 깨달음을 실천하지 않으면 무無로 돌아간다고 했다. 결국 존재의 의미는 소멸되고 공허해지는 것이다.

세월이 내 얼굴에 새긴 주름이 내 이름이고 내 삶의 흔적이라는 의미를 조금 알 것 같았다. 노을에 나를 비춰봤다. 어렴풋이 보였다. 아침에 눈을 뜨고, 볼 수 있고, 들을 수 있고, 먹을 수 있고, 걸을 수 있으니 이 얼마나 복된 날인가!

다짐하고 다짐을 했다. 남은 삶 바깥 모양에 취하지 말고, 스스로 마음을 돌이켜 비춰보는 자심반조自心返照의 자세로 하루하루를 보내자고.

구시화문口是禍門

인류에게 말이 언제부터 생겨났는지 가늠할 수가 없다고 한다. 언어학자들은 약 50만 년 전 석기 제작의 전통이 언어의 발달과 관련이 있다는 설을 대입하기도 한다.

인간이 공동체 사회를 이루어 살아가는 데 가장 중요한 것이 '말'이다. 하지만 말이 수많은 갈등을 유발하고 악을 만들기도 한다. 그래서 예부터 '구시화문' 입이 화를 부르는 문이라는 사자성어가 전해져오는 것이 아닐까. 즉 입조심하라는 경고다.

가만히 생각해 보면 말은 뇌와 가슴이 창조한 산물이다. 이를 세 치 혀가 가공하여 입을 통해 상대방에게 최종 전달하는 것이다. 결국 세 치 혀가 사람의 마음을 움직이게도 하지만 때로는 날카로운 칼이 되어 상대의 마음에 돌이킬 수 없는 상처를 입히기도 한다.

"말 한마디가 천 냥 빚을 갚는다."

"혀 아래 도끼 들었다."

이 속담이 무색할 정도로 요즘 우리나라 정치권과 온라인상에서 망언妄言, 위언僞言, 독언毒言이 많은 사람의 심신을 좀먹고 있다.

선거철만 되면 정치권에서 이상하리만치 노인 비하 발언이 활개를 친다. 오래전의 일이다. 당시 각 당의 대선후보가 결정되어 선거운동이 가열되고 있었다. 당선이 유력하다고 알려져 있던 어느 당 후보가 노인층에서의 지지가 낮다는 여론조사를 의식했는지 공개 석상에서 말했다.

"투표 날 나이 드신 어르신들은 집에서 쉬십시오." 그 말이 노인층에서 활화산처럼 폭발했고, 검은 화산재가 전국을 뒤덮었다. 그의 인기는 급전직하했다.

지난 대선에서도 선거운동이 한창 뜨거울 때 비슷한 일이 발생했다. 당시 백 세의 노학자가 기자와의 대담에서 정부 정책에 대해 점잖게 비판했다. 그러자 변호사라는 직업을 갖고 당시 여당의 중요한 직함을 달고 있던 사람이 발끈하여 SNS에 글을 올렸다. 자신의 부모보다 나이가 많은 노학자를 향해 나이 운운하며, 막말에 가까운 글이었다. 당시 노학자는 아무런 대꾸를 하지 않았다고 한다.

그런데 이번 선거를 앞두고, 과거에 노학자에게 막말을 했던 그 변호사의 험한 언행이 부메랑처럼 되돌아온 일이 있었다.

최근 모 일간지에 실린 칼럼 제목은 〈아무리 오두방정을 떨었어도 백 세 철학자는 꼿꼿하네〉였다. 칼럼은 그 변호사가 과거에 SNS에 올린 글을 인용했다. 내용은 이랬다.

그는 지하철 임산부석에 앉아 있던 젊은이를 향해 "새파란 녀석, 싹수 노란 자식"이라고 적었다. 이에 누군가 댓글로 반박했다.

"배려와 예절을 타인에게 강요할 수는 없습니다."

그러자 그 변호사는 댓글에 격하게 반응하며 다시 이렇게 썼다고 한다.

"이 싸가지 없는 자식이 어디서 함부로…,

내가 네 친구냐?

이 핏덩이 같은 녀석이,

생각 없고 버르장머리 없는 애들,

바퀴벌레도 아니고 어디서 이렇게 기어 나와서…."

칼럼은 이 글을 인용하며 "어쩜 하나같이 주옥같은 말을 이토록 절묘하게 미리 해뒀을까"라고 풍자적으로 마무리했다. 그 글을 읽은 나는, 이보다 더 적확한 부메랑이 또 있을까 싶었다.

그즈음에 같은 당의 혁신위원장이 던진 말이 일파만파 또 한 번 전국을 뒤흔들었다.

"살아갈 날이 창창한 젊은이와 살아갈 날이 많지 않은 노인에게 똑같이 한 표의 권한을 준다는 건 불합리하다." 그리고 덧붙였다고 한다. 중학생 아들이 해준 말이라고.

평론가들의 대담을 들으며 생각했다. 이처럼 해괴한 발상이 정부 여당의 혁신위원장의 입에서 그것도 중학생 아들이 해 준 말이라고 했다니 어처구니가 없었다. 그에게 따져 묻고 싶었다. 나이가 많다고 한 표를 줄 수 없다면 공평하게 1인 1표 주권 행사를 할 수 있는 방법이 무엇인지.

불편한 심기를 억누르는데 엊그제 어느 여배우가 모 신문기자와 대담 중 한 말이 저녁 종소리처럼 여운이 길었다.

"지구 전체가 사흘만 묵언 수행을 하면 어떨까요?"

아린 추억

동물을 좋아하는 여섯 살 손녀와 함께 달성공원엘 갔다. 동물 우리 마지막 코스인 사자 구경을 마치고 정문을 향해 걷는데 저 앞에 노인들이 식판을 들고 줄을 서 있었다. 줄이 구불구불 길었다. 맨 앞 웅성거리는 곳에서는 알루미늄 통에 담긴 밥에서 김이 모락모락 피어오르고 그 맞은편에 거무튀튀한 나무 식탁 몇 개가 금방이라도 비를 뿌릴 것 같은 찌푸린 하늘을 받쳐 들고 있었다.

손녀는 눈앞의 광경과 나의 얼굴을 번갈아 살피다 걸음을 멈추었다. 순간 나는 아이에게 '무료 급식소'를 어떻게 설명해야 할지 망설이는데 아이의 질문이 달팽이관을 노크했다.

"할아버지, 사람들이 왜 저기서 밥을 먹어?"

"으…응, 공원에 쉬러 온 할아버지들이 집에 가서 점심을 먹고 다시 올 수가 없어 이곳에서 점심을 먹고 저녁때 집으로 간단다." 더듬

거리는 설명에 손녀는 마뜩잖은 표정으로 자꾸만 뒤돌아봤다. 정문을 나서는데 아린 기억이 강물에 씻긴 오석처럼 선명하게 떠올랐다.

아버지가 일찍 돌아가시자 엄마는 어린 사 형제를 건사하기 위해 이른 아침부터 비탈밭에서 오리걸음으로 호미질을 하셨다. 해거름이 되면 채소 광주리를 이고 십 리 읍내장터로 가셨다. 보릿고개가 절정인 유월 어느 날이었다. 종일 비가 추적거려 엄마는 장에 가지 못하셨다. 그날따라 우리 형제들 배가 더 고파 엄마에게 투정을 부렸다. 어스름이 마당에 들어서자, 엄마는 신음 한숨을 몇 번이나 뱉으시다 어기적어기적 뒷집 바우네 집으로 가셨다. 한참 후 보리쌀을 꾸어 온 엄마가 밥을 하는 동안 우리 형제들 부엌 봉창 문을 열고 고픈 배를 매 만지며 기다렸다. 솥뚜껑이 열리고 솟아오르는 김에서 풍기는 밥 내음이 향긋했다.

그날 우리 형제들은 뜨거운 보리밥을 허겁지겁 입에 넣고 목을 빼 올릴 때 엄마는 숟가락 꽁무니로 날된장을 찍어 입에 넣으며 우릴 바라보는 눈에 별이 반짝였다. 그 별빛의 의미를 가장이 되어서야 알게 되었다.

그때나 지금이나, 생명의 근원인 밥이 궁한 사람이 의외로 많다는 것을 손녀에게 설명할 수 없어 안타까웠다.

시작과 끝

'시작과 끝은 동일하다.'라는 글을 읽다가 "아니 어떤 부분에서" 혼잣말이 튀어나왔다. 가만히 생각했다. 모든 생은 자연과 끊어질 수 없는 끈으로 연결되어 시간의 길을 걷다가 자연으로 돌아가고 또 다른 생이 태어난다. 해가 뜨고 지며 하루를 만들고, 계절이 순환하면서 일 년을 만든다. 즉 윤회輪回가 반복되는 자연의 섭리를 대입하면 '시작과 끝은 동일하다.'라는 말은 맞는 말인 것 같았다.

개개의 삶이란 시작과 끝이라는 공간 속에서 이루어진다. 그 공간의 시간을 얼마나 세밀하게 사용했는지, 얼마만큼 보람을 느꼈는지가 삶을 가늠하는 지렛대가 아닐까. 삶의 길을 잘 헤쳐 온 사람들은 이구동성으로 말했다.

"하루하루 한눈팔지 않고 열심히 걸어왔다."

그 말을 들을 때마다 '삶은 정답이 없으므로 결과보다는 과정이 중요하다'라고 생각했다. 즉 하루라는 시간의 시작과 끝은 누구에게나 똑같지만 시간 이용의 밀도에 따라 삶의 질이, 생의 길이가 달라지는 것이다.

걸어온 길을 돌아보니 가벼운 추위에도 몸을 떨었고, 작은 일에도 마음에 상처를 입어 많은 밤을 뒤척이었다. 그리고 순간순간 머금은 미소가 삶의 기쁨이고 보람이었다. 일상에서 얻어지는 작은 보람들을 가슴 곳간에 넣어야 행복을 가꾸는 것이라는 걸 그땐 몰랐다.

또 밤의 중요성을 알지 못했다. 밤은 오늘을 반성하고 그 반성을 숙성해 보다 나은 내일을 잉태시키는 자연이 선물한 징검다리였다. 그런데도 오늘을 숙성해 보다 나은 내일을 잉태시키기보다 지나간 어제를 아쉬워하는 데 많은 시간을 낭비했다.

그동안 나쁜 습관을 바꿔야 한다는 걸 수시로 다짐했지만, 실천에 이르지 못했다. 돌아보니 베이컨의 "천 번의 후회는 한 번의 실천보다 못하다."라는 말이 가슴을 콕콕 찔렀다.

반추

삼월 하순이었다. 봄을 마중하고 싶어 청룡산 오솔길을 걷는데 키 큰 소나무 우듬지에서 토렴으로 내려보내는 살랑거리는 나비 바람에 한풍寒風이 꼬리를 내리고 있었다. 나무와 풀들도 저마다 봄맞이 준비에 한창이었다.

소나무 숲길을 벗어나자 앞이 확 트인 공간 사이로 엊그제까지 희멀겋던 하늘이 전에 없이 푸르고 맑았다. 이마의 땀을 닦으며 너럭바위에 앉았다. 신천이 한눈에 들어왔다. 드넓은 냇물에 빤짝이는 윤슬의 별 무리를 바라보다 눈을 크게 떴다. 둔치 옆의 고층아파트가 냇물에 온몸을 담그고 봄맞이 몸단장에 한창이었다. 아파트의 반영이 사진처럼 선명했다. 반영에 취하다 뜬금없이 얼마 전 일이 생각났다.

지인 두 사람과 점심 약속을 했다. 쌀쌀한 날씨에 어울리는 음식을 생각하다 대구탕을 먹기로 했다. 나는 뜨거운 음식만 먹으면 콧물이 나오는 체질이라 미리 손수건을 꺼내 무릎 위에 놓았다. 탕을 먹으면서 의식적으로 입과 코 주위를 자주 훔쳤다. 열심히 먹다 뭔가 느낌이 이상했다. 맞은편에 앉은 지인이 나를 유심히 쳐다보다 급기야 눈짓했다. 나는 몇 번이나 손수건으로 코를 훔쳤다. 그런 나에게 그가 고개를 좌우로 저었다. 화장실로 갔다. 거울을 보는 순간 나는 기겁을 했다. 희멀건 코딱지가 코밑 정중앙에 보초를 서고 있었다. 그날 속이 확 풀리는 대구탕을 다 먹지도 못하고 찻집에서도 밝은 표정을 짓지 못했다.

나이를 먹어 갈수록 자기 얼굴에 책임을 져야 한다는 말이 보태지면서 생각이 깊어졌다. 그동안 나는 내 얼굴에 대한 노력이 부족했다. 지금부터라도 하루에 몇 번씩 거울에 나를 비춰보고, 저녁엔 마음의 거울에 하루 일상을 반영해 보기로 했다.

거울 앞에선 먼저 눈과 입을 살펴보기로 했다. 눈은 상대에게 나를 대변하는 가장 확실한 증표이고 마음의 창이라고 하지 않는가. 그리고 입은 웃음과 말을 만드는 데 핵심적인 역할을 담당할 뿐만 아니라 첫인상에 중요한 포인트라 하지 않는가. 그래서 거울을 보며 눈과 입의 웃음 머금은 표정을 연습해 보기로 했다.

저녁엔 마음 거울에 오늘 하루 일상을 조밀하게 살피기로 했다. 가족은 물론이고 다른 사람과의 만남에서 좋았던 일은 무엇이며, 아쉬운 부분은 무엇인지, 반성의 부분은 무엇인지를 찾기로 했다. 그동안 반영의 거울을 잘 살필수록 삶이 기름져진다는 걸 몰랐다.

나는 심호흡을 하며 내 얼굴에도 봄이 머물 수 있도록, 오늘을 더 따뜻하게 살아보기로 했다.

나이와 휴대폰

나이를 먹어갈수록 휴대전화가 수족처럼 여겨진다. 집을 나설 때 지갑보다 먼저 챙기는 휴대전화에 관한 생각이 요즘 많이 달라졌다.

먼저 문자 도착 음이다. 기쁜 소식은 굼뜨고, 부고 소식은 빈번하게 날아온다. 계절이 바뀔 때마다 그 횟수가 늘어난다. 그중에서도 오랫동안 동고동락했던 지인이 유명을 달리했다는 내용을 접하면 "사랑하는 이를 떠나보내는 것도, 아픔을 참고 견디는 것도, 모두가 삶에 익숙해지는 것이다."라는 어느 영화 메시지를 떠올리며 속절없이 회한悔恨에 젖는다.

그때마다 생각한다. '노인, 이 비껴갈 수 없는 시간을, 어떻게 해야 어른답게 사는 것일까. 어떻게 해야 황혼의 삶을 멋스럽게 만들 수 있을까. 어떻게 해야 자식에게 짐을 덜어 줄 수가 있을까.' 비우는 양이 많으면 많을수록 행복지수가 올라간다라는 말의 의미는 알겠는데 무얼, 얼마큼, 비워야 하는지 구체적인 방법을 찾지 못해서 전전긍긍이다.

탁자 위에 앉아 졸고 있던 폰이 잠꼬대처럼 문자 도착을 알렸다. 아프다는 지인의 아린 소식을 어제 두 건이나 받은 후유증으로 조심스레 폰을 열었다.

가끔 만나는 지인이었다. 내일 냉면집에서 만나 36도를 오르내리는 불볕더위를 이겨보자는 제안이었다. 전에 없이 반가운 문자였다.

내가 엿들은 말

“낮말은 새가 듣고, 밤말은 쥐가 듣는다.” 했다. 그래서일까. 밤중에 나도 모르게 귀가 쫑긋 새워진다.

내가 사는 아파트 뒤에 이면도로가 있다. 좁고 낮은 화단이 도로와 아파트의 분리선이었다. 이 도로로 자동차와 보행자가 빈번하게 오간다. 우리 집은 오 층이라 여름이면 창문을 열고 시원한 냇가 바람을 맞으며 생활한다. 그러다 보니 한밤중엔 지나는 사람들의 주고받는 말소리가 베개 리시버를 타고 또렷하게 들려온다.

어느 여름밤이었다. 그날따라 다른 날과는 달리 커피를 두 잔이나 마셨다. 쉽게 잠들지 못하고 뒤척였다. 밤늦도록 울던 매미 소리도 잦아들 즈음 젊은 남녀가 화단 담벼락에서 싸우는 소리가 또렷하게 들렸다.

귀를 기울였다. 싸우는 이유를 짐작할 수 있었다. 둘은 혼수 문제로 서로의 어머니를 다툼의 중심에 두고 있었다. 저 커플이 결혼도 못 하고 양가 어머니들의 어긋난 자존심 싸움의 희생양이 되지 않을까 걱정스러웠다.

문득, 우리 남매의 결혼식이 떠올랐다. 반쪽을 구해 온전한 성인으로 만들어 준다는 혼례는 결코 쉬운 일이 아니었다. 다행히도 우리 사돈들은 하나같이 양보로 일관했다. 해서 우리 부부는 준비해 놓은 것 없이도 자식 혼례를 무사히 마칠 수 있었다.

난 얼굴도 모르는 젊은이들의 부모에게 베갯머리에서 혼자 묻고 또 물었다.

"세상을 살아보니 혼수가 그렇게 중요하던가요? 세상을 살아오면서 마음속 욕구를 다 채울 수 있던가요?"

그밤, 나는 두 젊은이의 앞날에 작은 희망을 얹었다.

집중과 중독

엊그제 밥 먹는 자리에서 지인이 말했다. 아는 사람이, 밥 먹고 잠자는 시간을 빼곤 궁도장으로 가서 활쏘기에 빠져있다고.

그 말을 듣자마자 "그건 취미가 아니고 중독이지." 하며 내뱉은 나의 대답에 그도 "맞아 그건 병이지." 하며 맞장구쳤다.

생각해보니 하루 대부분을 글쓰기에 시간을 보내는 나 역시 중독이라면 중독이었다. 집중과 중독의 차이는 뭘까? 명확하게 구분이 되지 않았다. 다만 어감상 집중은 좋은 의미로, 중독은 그 반대 의미로 느껴졌다. 두 낱말의 명확한 뜻을 알기 위해 폰으로 검색해 보았다.

집중은 '어떤 한 가지 일에 모든 힘을 쏟아붓는 것'이고, 중독은 '어떤 사상이나 사물에 젖어 버려 정상적으로 사물을 판단할 수 없는 상태'였다.

인간은 주관이 다르기 때문에 어떤 상황을 보고 느끼는 감정이 제각각일 수밖에 없다. 그러므로 취미활동에 대한 집중과 중독의 판단은 가족이나 친한 지인이 내려 주는 것이 가장 현실적인 기준이라는 생각이 들었다. 주변 사람들이 하나같이 '취미 활동을 잘하고 있다.'라고 한다면 집중이고, '너무 지나쳐.'라고 한다면 중독이라 할 수 있지 않을까.

우리가 살아가면서 일에 대한 집중은 칭찬해야 할 삶의 방식이다. 집중이라는 단어 뒤로 가장 먼저 떠오르는 것이 공부에 빠져 있는 학생과, 연구자의 자세, 그리고 운동선수의 극기 훈련 등이다. 이들은 하나같이 자기와의 싸움에서 끈기와 인내를 발휘하는 사람들이다.

이 글을 쓰면서 느낀 것은 삶의 길 걷기에는 각자의 능력과 노력의 차이가 있으므로 제삼자가 집중과 중독을 수학 문제처럼 답을 정할 수가 없다는 것이었다. 결국 집중과 중독의 경계는 본인 스스로가 판단해야 할 문제라 여겨졌다.

내 마음의 괄호

김영관 제2 수필집

발행일 2025년 12월 10일 초판 1쇄

지은이 김영관
펴낸이 정연순
펴낸곳 나무향
주　소 서울 광진구 자양로 28길 34, 드림스페이스 501호
전　화 02-457-2815, 010-2337-2815
메　일 namuhyang2815@hanmail.net

출판등록 제2017-000052호

가격 13,000원
ISBN 979 - 11 - 24078 - 01 03810